ジャジューカ

ムジアーンズ・編

モロッコの不思議な村とその魔術的音楽

太田出版

* ［　］で囲っているのは ホストファミリーの家です
* イラストマップの性質上、家の正面を見せるため、向きを任意に変更しています

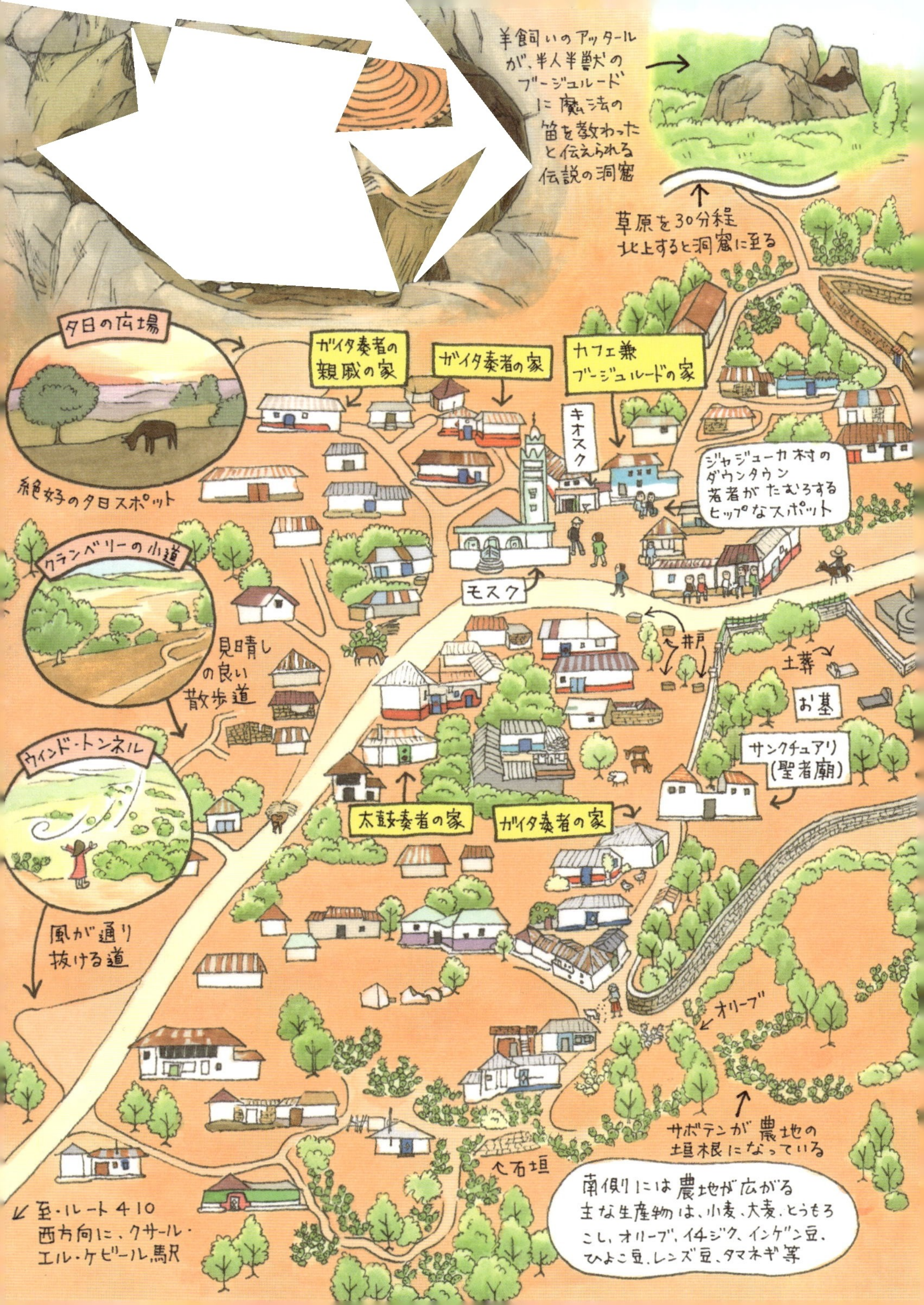
羊飼いのアッタールが、半人半獣のブージュルードに魔法の笛を教わったと伝えられる伝説の洞窟
草原を30分程北上すると洞窟に至る
夕日の広場
絶好の夕日スポット
ガイタ奏者の親戚の家
ガイタ奏者の家
カフェ兼ブージュルードの家
キオスク
ジャジューカ村のダウンタウン若者がたむろするヒップなスポット
モスク
クランベリーの小道
見晴しの良い散歩道
井戸
土葬
お墓
サンクチュアリ(聖者廟)
ウィンド・トンネル
太鼓奏者の家
ガイタ奏者の家
風が通り抜ける道
オリーブ
サボテンが農地の垣根になっている
石垣
南側には農地が広がる
主な生産物は、小麦、大麦、とうもろこし、オリーブ、イチジク、インゲン豆、ひよこ豆、レンズ豆、タマネギ等
至・ルート410
西方向に、クサール・エル・ケビール駅

もくじ

カディス
スペイン
マラガ
アルヘシラス
ジブラルタル
タリファ
ジブラルタル海峡
タンジェ
セウタ
ヘラクレスの柱
地中海
イブン・バットゥータ国際空港
TANGER
テトゥアン
ASILAH
ジャジューカ
アシラ
シェフシャウエン
EL KSAR EL KEBIR
R410
クサール・エル・ケビール
リフ山脈
モロッコ
メクネス
フェズ
FES
SIDI CACEM
MEKNES
モワイヤン・アトラス山脈
©kucci

黄金は海から訪れ
魔物は山から到来する
── モロッコの諺より
大西洋
ララシュ
KENITRA
ラバト
RABAT VILLE
カサブランカ
CASA VOYAGEURS
← 至・マラケシュ
ムハンマド5世国際空港
AEROPORT Med V
空港名
駅名
モロッコ北部俯瞰地図

まえがきに代えて

――ぼくたち、わたくしたちにはジャジューカが必要なんだ

まずはじめに、この本は招待状であって　それよりほか　なにものでもないこと
含む意　いささかもない　そして　願わくば　旅の杖たるに止まらず
カナ漢字まじりの　欲深なコトバをもちいる　こんな国の　こんな時代で　こんなにも
逆行して吹き荒ぶ　季節風の荒れて　ただの一歩たりとて　抜け出せない経緯の
事情のさなかに　居続けざるを得ない
そんな境遇下に暮らす　人々にとっても
きっとや　おもしろく「刺激」たっぷり
容赦なく愉しめる「ある種の」読み物として
立ち読み尽くしたりしたら　しっかり　臍を噛み、
いっそ咬み千切り
詰め腹切らされるほど　こっぴどく
二度、三度と読み直せるべく。

なるほど　誘っているのは近所では　ない
暗黒大陸アフリカ　そのもっとも西北に　モロッコ王国がある
さらにまた再生北端に　位置しているのが
タンジェ（仏読み・英語読みだとタンジール）なる　濃いィ街
そっから　たかだか百キロほど離れた山の中のジャジューカ村と
そこの音楽　かなり特異、不可思議、極端、奇抜で
謎に満ち満ちし　魅惑あふれる……

「すべての猫は一匹である」という話がある。
愛猫が寿命をまっとうし　みまかる、と　ほどなく　またべつな猫が居座ってて
あら　いつのまに？　でもコレって　おなじ猫じゃいけない？
ってまるで　ボウルズがかねがね言う　モロッコの人たちについて
「マスとしては愛せるけど、一人ずつの個人として　愛することはむずかしい」
と述べたりしたことと　ぜったい似てる
でもね　じゃあ、いったいぜんたい　なに？　われわれは？
観測者なのか　阿波踊るときの踊りか　どちらでもいいのか　どちらでもないのか

熱力学者ボルツマンは　エントロピーを苦に　自殺し
「神が賽子ふったりなんかするもんか」と　アインシュタインが吐き捨てた
20世紀前半　華々しい打ち上げ花火の　なかでもとりわけ
諧謔味に富んだ思考実験
「シュレディンガーの猫」　箱の中が不可視な中には　猫と致死量の青酸カリが
さてでるか、でないか　化け猫じゃないよ　さて御《ご》覧《ろう》じろ

確率五分五分で　死んだ猫と
生きてる猫が
一対一で「重ねあわさる」って？
悪名高きこの　パラドックスは
むしろ生け贄に供された
山羊のあたまごなしな　スープ
ローリング・ストーンズは
なんたる今年！　ライブでずっと演ら
なかった「山羊の頭のスープ」の曲を
ライブで！

「（モロッコと聞くだけで）
どうしてもボウルズが、
恐怖が、先立ってしまって」
　と言う人たち　けだしあなたたち正解なのだ
そのように正しく　恐怖を感じとれる　感受できる感じ入る
だけの「力」もちで才能を持つ
そんな身にしか　気づかれない
蠱惑は　訪れない　わかりっこないのだから
　スーフィーの教えに謂われる、
「あるできごとが起きたか、あるいは起きなかったかが問題ではない。
あらゆるできごとは起こりうる。たいせつなのはその意味なのだ」と。
あらためて、さて、ジャジューカとは、では、では、ぜんたい　なんだ？

なんだったんだろう？　なんなんだろうか？　もっといえば　なにになる？
　それこそ　なにかに変わる？　いま？　そう現在ただいま
今頃になって？　いや可笑しかない　なにかしらには　でも　ならない　なるまい
なれるとしたって……いや、なれない
「良きもの（黄金）は海から訪れ　悪しきもの（魔物）は山から到来する」
きれいごとに過ぎたからって、いいじゃない　だからって　じっさいもんだい　このいいまわしには
　その大元のニアミス、もといニュアンスが　お化粧が　香りづけが　脚色が
盛りつけに工夫が　そしてから秘密が。
　黄金は富だからまだいい　魔物は　魔物の正体たるや　貧困と絶望であり
わたくしたち　ぼくたちは　まさしく　その「山」に向かっているのだよ
　よお、やる、やりよるわ。なぁ。

とはいえ　このご時世「楽園」をうたえるはずもなし
ひとつの生き方を提示する　だなんて　低次元極まりない
なんと卑しく、さもしい解決よりか
むしろ指し示すことを　ときあかして悦に入るくらいなら
いっそ　素直もイノセンスも　儒教ごとお捨て
途方にくれては　砂漠をそぞろ歩くんだ
救われている暇があるのなら　こぼされてしまえ
なにからなにまで
台無しになっちゃえ　しちゃえ

ムジアーンズ（文責＝山崎春美）

「いつ聴いてもびっくりするくらい新しい」

赤塚りえ子（現代美術家、フジオ・プロ代表取締役）インタビュー

ジャジューカ音楽との出会い、そしてアルバム『ブライアン・ジョーンズ・プレゼンツ・ザ・パイプス・オブ・パン・アット・ジャジューカ』の魅力と魔力

今村守之＝取材・文

一九六〇年代後半は、それまでの西洋文化の価値観を大きく揺るがしたロック及びヒッピー・サイケデリックカルチャーの最盛期として記憶されている。最後の夏、六九年八月にはその頂点と呼ぶべきウッドストック・フェスティバルが成功し、わずか四カ月後の一二月にはオルタモント・フリーコンサートで観客が殺され、高揚は終焉を迎えた。

この時代に最も影響力を持っていたロックバンド、ローリング・ストーンズの創設者にして逸脱者がブライアン・ジョーンズだった。同時代のイギリス人のなかでいち早くアメリカ黒人によるブルース・ミュージックの魅力に取り憑かれていた彼はまた、西洋文化から離れた第三世界の音楽にも目を向けていた。天才肌の演奏者だった彼は、誰も聴いたことのない楽器を奏でる、自分より優れた演奏家が世界中にいることを知っていたのだろうか。初期のストーンズのレコードでも数多の民族楽器を手がけている彼は、とりわけモロッコの音楽、楽器、サウンドに強い興味をもっていた。バンドのレコードデビューから三年後の六六年から何度もモロッコに渡り、ブライオン・ガイシンやポール・ボウルズがモロッコで五〇年代以降に録音した現地音楽のテープを何時間も聴いていたという。

そんな彼が六八年、モロッコの中心部から外れた村・ジャジャーカに赴き、ついに現地の音楽を録音する。それを一枚のアルバムに自ら編集したものが、後にロックおよびサブカルチャー史の特異点的存在となる『ブライアン・ジョーンズ・プレゼンツ・ザ・パイプス・オブ・パン・アット・ジャジューカ』だ。

そのオリジナル・アナログ盤のジャケットを広げると、現地のマスター・ミュージシャンたちに囲まれて彼らと同じ民族衣装を着た金髪の男がいる。男は、あのウィリアム・バロウズらが〝四〇〇〇年のロックン・ロール・バンド（The 4000 year old Rock and Roll band)〟と激賞した神話的音楽を採集した翌年、英米ロックがその熱狂のピークを迎える一カ月前に自宅のプールで謎の死を遂げた。ジャジューカ出身の画家モハメッド・ハムリが、ジャジューカの不滅のアイコンとして、イギリス白人であるブライアン・ジョーンズの姿を刻んだこのアルバムは、彼の死から二年後、六〇年代の熱狂が跡形もなくなった一九七一年になって思い出したように発売された。

物語はここから始まる。これは五〇年前を紐解く旅ではない。ブライアン・ジョーンズが最後に残そうとした音の謎は、今、目の前に広がっている。

毎夏、モロッコで三日三晩繰り広げられる世界限定五〇人のフェス「ザ・マスター・ミュージシャンズ・オブ・ジャジューカ・フェスティバル」に二〇一二年から欠かさず参加し続けている赤塚りえ子さんは、現代美術家、フジオ・プロ代表取締役にして、現地での生演奏を最も多く体験してきた日本人のひとりである。

ジャジューカ音楽にまさに〝取り憑かれ〟、これまでも現地映像をライヴストリーミングDOMMUNEや渋谷・UPLINKで公開し、またトークイベントに出演するなど、精力的に日本にその魅力を紹介してきた彼女は二〇一七年一一月、ついに初来日を果たすジャジューカ楽団の東京公演にも深く関わっている。

なぜその音は世界から人を呼び寄せ続けるのか？　マスター・ミュージシャンたちが奏でるトランシーでマジカルな音の調べ、そしてそれを知るきっかけとなった一枚のアルバムについて、あますところなく語ってもらった。

赤塚　私は、元々ロック畑の人間じゃなくて、若いときからずっとエレクトロニック・ミュージックが好きで。ロックとは音楽のストラクチャーやフォーマットが違うものを聴いてきたんです。二〇〇九年末に初めてモロッコへ行ったらもう、そのままどっぷりハマってしまって、ローカル、欧米のレーベルを問わず、手当たり次第にモロッコの音楽を掘るようになって。そうしたら、友だちが「ブライアン・ジョーンズがモロッコ音楽でアルバム出してたよ」と『ブライアン・ジョーンズ・プレゼンツ・ザ・パイプス・オブ・パン・アット・ジャジューカ』を持ってきてくれたんです。

だからブライアンは私にとっては後付けで、純粋にモロッコ音楽として、エレクトロニック・ダンス・ミュージックの耳で聴いたんです。

ビックリしちゃいました。このトランス感はなんだ！　という衝撃でした。ダンス・ミュージックは耳で聴くというより、体で音を感じる、聴くって感覚だから、このアルバムも最初から体で聴いていたんじゃないかなぁ。うるさいって言う人は耳で聴いているんだと思います。ともかく、これに出会って、村で実際に聴いてみたくなった。

それが、二〇一一年。で、二〇一二年の正月に行こうと思ってウィキペディアで調べたら、ジャジューカ村の経度と緯度がわかったのでグーグルアースに打ち込んだら、出てきました（笑）。でも冬のリフ山脈は寒そうだし、航空写真で見ると村への道も細いし、行っても実際に聴けるかどうかわからなかった。ところが、一二年六月に〇八年から始まった限定五〇人のフェスが村であると知って、そのタイミングで行ったんです。観光地じゃないし、モロッコ人でもあまり知らない。

このアルバムはかなりアディクトする（中毒になる）んですよ。もう毎晩寝落ちするまで聴きまくって、絶対に行こうと（笑）。

そして村へ行って、生音を聴いて、またビックリ。レコードって、（結局スピーカーの）L－Rになるし、（ボリュームを）上げれば大きく、下げればちっちゃくなる。だからガイタっていう複数のラッパの音がひとつの束になってしまってつぶれちゃう。でも現地で実際に聴くと、凄く立体的でね。全然うるさくない。確かにパワフルで、音圧も凄いけど、音がとてもキレイなの、クリアーで。不思議なんです。

これは耳で聴くものじゃなくて、体験する音楽だということがあらためてわかった。ガイタの音はとにかくまっすぐに飛んできて、おでこから刺さって脳を突き抜けるんですよ。一本でもそうなのに、それが何本もあって、ひとつひとつの音が微妙にズレる。音のビームを浴びる感じ。で、下にはずっと複雑なリズムがうねったグルーヴを作っていて。こりゃ思考が止まるヤバいレベルの音楽だと思った。結局、思考って「時間」に属してるじゃないですか。常に時間の中に入っていて、過去の記憶からものを考えたり未来を考えたり……。時間から自由になれない。

オリジナルアナログ盤『～ジャジューカ』ライナーノーツのブライアン

もちろん気を失っているわけではないけど、思考はできない。そんなときに、「今」なんて思考してない。「今」って思考した瞬間には過去になっちゃいますからね。そんな凄まじい音を浴び続けるんです。思考が止まって、ただただ全身に音を浴びている状態なんですよね。もう音のローラーコースターに乗っているような。

結局考えてみると、ジャジューカにハマった人というのはツワモノじゃないですか。ブライアンもそうだし、ガイシン、バロウズ、ティモシー・リアリー……。その筋ではそれぞれがトランスのプロ（笑）。わっ、これ、みんながハマったのわかるわって思っていたけど、そんな思考もいつの間にか消えて、音が鳴っている間中、ブッ飛ばされっぱなし。

そもそもからがブージュルードを踊らせるダンス・ミュージック。でもエレクトロニック系と違って、生の楽器でこれだけ人をブッ飛ばすというのは凄いと思いました。千年以上かけてここまでのフォーマットになっているわけだから。本物のトランス・ミュージックです。

エレクトロニックを超えた生楽器

現地のフェスは、ブライアンが村に来てちょうど四〇年を記念した〇八年から毎年続いています。元々、地元には〈エイド・エル・ケビール〉っていう一週間続く宗教的な祭りがあって、そこでも演奏されてきたようですが、祭りは時代とともに変わってきて、今は昔のような形ではやってないとか。『ブライアン・ジョーンズ・プレゼンツ〜』には、私たちがフェスで聴いたこともない音楽も入っています。フェスで聴けるのは、夜はガイタとティベルで演奏されるブージュルードの音楽と、昼はガイタ以外の楽器を使って、民謡とか恋の歌とか。あ、それにフェスでは村の女性たちの音楽はやりません。

ブライアンは、ハムリのレストランでジャジューカのマスターたちに会ったことがあるかもしれないけど、ガイタの演奏は（村に行くまで）聴いていなかったようで。ガイシンやハムリからジャジューカのことを聞いていた彼は、その音楽を録音すると決めて一九六八年七月下旬、イギリスから呼んだエンジニアのジョージ・チキアンツ、（アニタ・パレンバーグと別れた後の）彼女のスキ・ポワティエ、そしてガイシン、ハムリと一緒にクライスラーに乗って村へ向かった。タンジェを出発するのが遅くなったので、村に着いたのは日没の頃。細いダートの山道を上る時、ブライアンは「道なんてないけど、行け行け〜！　待ちきれないよ！」と、とても興奮していたみたい。

あいにく、〈エイド・エル・ケビール〉の時期じゃなかったので、二五人いるうち一〇〜一二人くらいのミュージシャンが戸外で、当日の日没から朝四時まで演奏した。それから昼間は（LPの）B面に入っているリラ（笛）の曲を録音したみたいですね。一泊二日で、計一〇時間ほど録ったとか。

ブライアンは村の音楽家と正式な契約を交わしてないし、（当時）お金も支払っていない、みたいなことをガイシンがインタビューで言っていました（笑）。

付記すると、1995年にCD（限定盤と普通盤）が米国のフィリップ・グラスのレーベル、ポイント・ミュージックからリリースされた。タイトルには“Brian Jones Presents The Pipes of Pan at Jajouka”と記載され、バシール・アッタールのシルエット写真にジャケットが差し替えられた。またプロモ盤【F】とも別の曲名がつき、ボーナス・トラックが付け加えられた。一見レコードとはまるで別作品のよう。

さて、2つ目の謎は付属ライナーノーツだ。英米盤のライナーには2つの文章

【A】

【B】

【D】

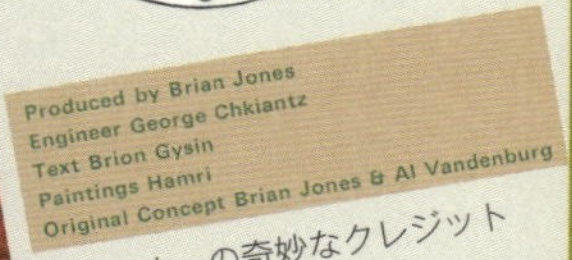

▲ライナーの奇妙なクレジット

が掲載されていて、1つはガイシンが1946年に書いた文章の転載。もう1つがブライアンによる文章。初回プレス【A】にはなかったブライアンの「サイン」が、セカンド・プレス【B】からその横に記載されている。「ブライオン・ガイシンの背中のゾクゾクするような説明を訊いていると、一週間のあの大騒ぎを体験したことのない僕なんかに口をはさむ余地はないと思う」と始まるこのテキストには、例えば「この地では、知識と文化は12歳までは母から子供へと受け継がれ、その後は父親たちが思春期の息子たちを監視し、娘たちは嫁ぐ日まで人前から姿を消す」など、村のしきたりについて明解な文章が書かれている。失意のさなか、ドラッグに耽溺し、一晩しか村に滞在しなかったブライアンがこんな文章を書くだろうか？　私には、死者がガイシンに憑依して書かせたのではないかと思えてならない。確かにクレジットには「テキスト：ブライオン・ガイシン」とだけある。

最後に、クレジットの「オリジナル・コンセプト」について。ここにブライアンと並記されているのがアル・ヴァンデンバーグだ。ビートルズの『サージェント・ペパーズ・ロンリー・ハーツ・クラブ・バンド』のジャケットを作った人物だが、どこからどこまでこのプロジェクトに参加したのか。

このアルバムの主体性はどこにあるのか？　誰によってこのアルバムは形づくられていったのか？　ブライアンの魂がそうさせたのか？　今となってはそれらについて本当のことを確認するすべはない。だからこそ様々な見解を生み、ブライアンがジャジューカでつかまえた音の魔術は、今も特異な輝きを放ち続けている。作者（主体）の不在と数々の謎が相まって、このアルバムは「永遠に未完の作品」として我々を魅了し続けている。

謎に満ちたブライアン・ジョーンズの“ジャジューカ盤”

渡邊未帆＝文

ブライアンが1969年7月3日に自宅のプールで溺死する約1年前（1968年7月29日）にジャジューカ村で録音され、死の約2年後（1971年10月）にローリングストーンズ・レーベルの1枚目としてリリースされたレコード『ザ・パイプス・オブ・パン・アット・ジャジューカ』。ハムリによってブライアンとマスターたちが描かれたダブル・ジャケット。ブライアンはこのアルバムを生前どこまで完成させていたのだろう。もし、ブライアンが生きてこのアルバムの完成を見届けていたら、現在手にしているものと同一だったのだろうかと、逆説的に問いたくなる。ここではアルバムの（音ではなく）外観やクレジットから、その謎を浮き上がらせてみたい。

1つ目の謎は、バージョン違いが多数あることだ。Discogsを検索すると、このアルバムはLPだけで10バージョン出てくる。1971年にリリースされたものだけでも何種類かある。ここではそこから5つの別バージョンを集めることができたので比べてみよう。

【A】1971年英国初回プレス。“Brian Jones Plays with The Pipes of Pan at Joujouka”とタイトルがつけられている。（赤塚りえ子所蔵）

【B】1971年英国セカンド・プレス。初回プレスのタイトル“Brian Jones Plays with The Pipes of Pan at”の上に“Brian Jones Presents The Pipes of Pan at”という急ごしらえのようなシールが貼られている。「プレイズ・ウィズ」から「プレゼンツ」への変更。（故・大里俊晴遺品）

【C】1971年米国盤。“Brian Jones Presents The Pipes of Pan at Joujouka”と印刷されている。レーベルにあるW.B. Music Corp., はアメリカの会社。（赤塚りえ子所蔵）

【D】1971年米国プロモーション盤。A面7曲、B面6曲に分けられ、レーベルに各曲の分数が記載されている。（赤塚りえ子所蔵）

【E】1979年に東芝EMIからリリースされた日本盤。邦題は「イン・マジカル・モロッコ（ジャジュカ）」。ストーンズ・ファンクラブ会長がライナーノーツ寄稿。AB面ともに1曲扱いで「ジャジュカ」と曲名がつけられている。（山崎春美所蔵）

（【F】）そして私は見たことがないが存在するらしいのが、片面毎に複数の「曲名」が入った盤。間章が1976年に雑誌『ZOO』に書いた記事には、本作についてこう書かれている。「A面の『Aatini-Mak』や

それに引続く『Bou Jeloud』の音楽は、かなり複雑な仕方でミキシングされ加工され、オーバー・ダブされ位相変換されているし、B面の『Pipe Tunes』は何気ない装いの中に意識的な変調の音の遠近と広がりを変化させている」。間章は【D】とはまた別のプロモ盤を手に入れたのだろうか。（どなたか持っていらしたら是非とも見せてください！）

『ブラヒム・ジョーンズ・ジャジューカ・ヴェリー・ストーンド』という曲をハムリが作って、小学校にはブライアンの写真が飾られていたらしい。やっぱり彼が自分たちの音楽を世界中に広めてくれたという思いはあるようで、ブライアンは気に入られて、その後〈エイド・エル・ケビール〉に山羊の毛皮を被るブージュルードとして招待されたり。怖くなってその招待を断ったらしいけれど。

ロンドンに音を持ち帰ったブライアンはチキアンツとスタジオに行き、長い時間をかけて、フェイジングやクロスフェード・エディティングで音を作って。それにしても、めっちゃセンスいい。一〇時間分の音源から選んで、それを細かく加工して表現したんだから。

アートワークは完全には終わっていなかったけど、音は完成していた。村のミュージシャンへの資金調達のために完成後すぐにリリースする予定だったのがブライアンの死によって遅れ、契約が複雑化したことでさらに遅れてその結果、当初はトラック・レコード（註:ザ・フーのマネージャー達が運営していたインディペンデント・レーベル。ジミ・ヘンドリックスなども輩出）からのリリースのつもりが、ストーンズが自らのレーベルをつくるまで保留しようということになった。

アルバムのタイトルはレーベルが付けたのかはわからないけど、録音時にミュージシャンと一緒にブライアンが全体に関わったこと、ファイナルのマスターテープは彼自身の解釈だということを意図しているようです。アルバムのタイトルが初めは『ブライアン・ジョーンズ・プレイズ・ウイズ』だったのが後に、ハムリが村のマスターたちを代表して交渉した結果、「プレゼンツ」になったという。ちなみに「Joujouka」というスペルにしたのは、たぶんガイシンだろうという話で、アフリカの黒魔術「ジュジュ」にひっかけて、呪術的、魔術的なイメージを出したかったようです。

なぜブライアンがアルバムで楽器を弾かなかったのか、と考えると

ブライアンとアルバムのことをいろいろと調べていくうちに、ふと、なぜ彼はアルバムで楽器を弾かなかったんだろうと思ったんですよ。ところが、村で実際の音を体験して、あっ、ブライアンは弾く必要がなかったんだなってわかった。いや、少なくともわかったような気がした。ワールド・ミュージック系でも、けっこう西洋のフォーマットに引き込んでいるものも多いじゃない？　現地のフレーズを入れたり伝統楽器を使ったり……。でも、このアルバムに限ってはブライアンの方が「入った」と思った。完全にブライアンがジャジューカの魂の中に入った。だから彼

は、弾く必要がなかったんだと。

あそこであの音楽を体験したら自分はもう弾く必要はなかったのかもしれない。ジャジューカの楽団は別にセッション・バンドじゃないしね。じゃあなぜ、ブライアンが魂に入ったかって考えたとき、彼は少なくともあの夜、あの瞬間に思考が止まって、やれブライアン・ジョーンズだとか、ローリング・ストーンズだとかいうのが飛んだんだと。そういう自我の向こう側に行ったんだと。本当に純粋にこの音楽をそのまま、彼は受け取ったんだと。

ブージュルードの音楽で思考が止まったら何が起きるかというと、いろんなものから解放されるんですよ。自分を苦しめているいろんな思考から。この村には治癒を目的とした音楽が別にあるらしい。でもブージュルードの音楽にもその効果は絶対あると思う。

私が村へ行くようになって二年目か三年目、自分が感じたこととブライアンが言っていたことがリンクしたんです。村ではいつも山の上の方に泊まっていて、そうすると、みんなが集会所に集まっているのかがわからない。音も聞こえないし。

朝遅く起きて、じゃあそろそろ（みんなの所へ）下りてくか、って行くと途中から音楽が聞こえてきて。遮るものがないし空気も乾いているので、途中から大きな音になって聞こえてくるんですよ。これはちょっと出遅れてしまったなと思って。一分たりとも音楽をミスしたくなかったので坂道を走って、走って会場に行った。ところが、フェスの参加者はまだ誰もいないんですよ。マスターたちだけで盛り上がっている。ビックリしちゃった。私たちは演奏しているのを垣間見せてもらっていただけなんだ、この人たちは見ている人がいようがいまいが関係なく演奏して歌っている人たちなんだということがわかったの。

コンサートって、観客がいるからやるわけでしょ、ふつう。でも観客がいたらやる、いなかったらやらないんじゃなくて、この人たちが奏でるのは自分たちの精神の音楽で、音楽とともに生きているんです。表現の本質を見た気がしました。人に見せるというのは次の段階の話で、まず自分たちが音楽を奏でる、そこにだけ徹するというのが凄いなと思って。そんなの見たことがなかったので。
（アルバムの）ライナーノーツにブライアンの言葉があるん

ですよ。村の女性たちの歌について、「彼女たちは別世界に向けて呪文を唱えているのである。そしてリード・シンガー自身も、我々が録音をしているのに、自分で叩くドラムの影にあの美しい声を隠してしまうのだ。要するに、彼らは我々のために歌ってくれていたわけではないのだ」と。ああ、ブライアンは、このことに早くから気づいていたんだなと思った。

あのモノスゴイ音の向こう側は とても静かなんです

このアルバムは商業的にはさして売れなかったし、聴いている人も多くないんです。でもそんなのはどうでもいい話で、ブライアンがジャジューカの魂に入って作ったということが大事なんです。だって世俗的なことを考えたら、こんなアルバムは出せないでしょう、ああいうポジションにいて。ブライアンはスーパースターになるのが目的じゃなかったと思う。ただ、純粋に音楽を愛していて、自分の好きな音楽をやりたかった。彼をよく知る人物の証言によると、我儘だし、晩年は被害妄想も酷かったみたいですが、一方で、ブライアンはとても繊細な人だったんじゃないかな。

ブライアンは、オリジナルの音を加工することによって単なる記録にはしていませんよね。ミュージシャンとして、あの村の、あの夜の全体を伝えようとした。たぶん、あれは彼の解釈なんだと思いますね。あの音楽を聴いたときの彼の感覚的なものが、感じたものがエフェクトの中に入っていると。実際に私、演奏をビデオで撮ったんですね、ブージュルードが最高潮に達したときに。家に帰ってそのビデオを見たら、本当にフェイジングっていうか、「シュワー」という音が入っている。エフェクトかけたみたいに。人が叩いているとは思えないくらいのリズムと一緒に、それはもうエレクトロニックのような音色で、凄いグルーヴで。ブライアンはあの村で、あの夜、ナチュラルなフェイジングをすでに感じていたのかもしれない。実際、マスターが演奏している時に自分の頭をガイタから五〇センチくらいの至近距離に近づけて目を瞑ると、演奏しながらガイタをグルグルと回すんですよ。そうすると、音圧とともにエフェクトがかかったようになるんです。

ジャジューカのように「音の向こう側にあるものに向かう音楽」は結局、時間に縛られていないというか。常に「今」なんですよね。ブライアンはちゃんとその魂をつかまえているから、このアルバムは五〇年経っても全然古くないし、これから一〇年後、二〇年後、初めて聴いた人でもびっくりするくらい新しいんだと思う。ジャジューカは、いつも「今」の音なんですよ。永遠の「今」。

〝四〇〇〇年のロックン・ロール・バンド（The 4000 year old Rock and Roll band）〟に流行なんてないですから。ブージュルードの音楽って、感情に来るメロディを持っていません。また、良い曲／悪い曲とか、そういう概念からも完全に外れています。つまり、感情に訴える音楽じゃないから、いきなり脳天バシーン！　って感じなんですよ。感情を揺さぶるというよりも感情の向こう側に直接訴えかけてくる。私は感情に訴える音楽があまり好きじゃなくて……。なぜかと言うと、感情って、まぁいいものではあるんですけど、ときには鬱陶しいものでもあり、なかなか面倒くさいものなんですよね、自分にとっては。なんかもの悲しいメロディとか聴いちゃうと、自分の悲しい思い出を思い出して辛くなっちゃったりするんですけど、あの音楽はそういうのも飛び越えちゃうじゃないですか。

感情ってすぐ変わるし、信用できない。そこを飛び越えて、向こう側へ行くからいいんです。もう脳味噌が空っぽになる。

赤塚りえ子　現代美術家、フジオ・プロダクション代表取締役。ロンドン大学ゴールドスミス・カレッジ、ファインアート科卒業。父は漫画家の赤塚不二夫。著書に『バカボンのパパよりバカなパパ』（徳間書店　2010／幻冬舎文庫　2015）、共著に『ゲゲゲの娘、レレレの娘、らららの娘』（文芸春秋社　2010／文春文庫　2012）。
※写真はジャジューカ村でマスターたちと一緒の赤塚氏

タリラリラ〜ンの境地なんですよ、わかります？（笑）。理屈とかなんにもない世界。

破壊されるんですよ。理屈なんかは全部破壊される。理屈や意味って時代によっても変わるでしょ。でもそういうのが破壊されるから気持ちいいし、あの物凄い音の向こう側はある意味、とても静かなんです。結局、思考とかって、ワシャワシャしているじゃないですか。だから、あの音によって、そこに行けると思うんですね。

やっぱり本物って、時代を超えてもその人の遺志が伝わるんだってほんとにわかる。私が初めてブライアンのアルバムを聴いた時点でもリリースされてからすでに四〇年経っているわけで。「これを作ってくれてありがとう！」っていう気持ちでいっぱい。ブライアンのことを過小評価している人もいるじゃないですか。だけど、私はこの一枚のアルバムだけで十分だと思う。彼の天才的なセンスや純粋な姿勢がこの一枚に凝縮されているから。

ー
ン
!!
©FUJIO AKATSUKA

ム
ジ
ア

THE MASTER MUSICIANS OF
JouJouka

ジャジューカ村の風景より　©Nana Spring

マスター・ミュージシャンズ・オブ・ジャジューカのメンバーは、ジャジューカ村（とその周辺）に在住する現在40歳台から80歳台の男性たち。毎年、ジャジューカ・フェスティバルの会期中、昼夜複数の種類の楽器を持ち替えて演奏するだけではなく、食事や自宅の部屋を提供して参加者をもてなしてくれる。

シェイク・アハメド・タルハ

アハメド・エル・アッタール

アリー・エゾウグラリ

エル・トゥハミ・タルハ

モハメド・エル・アッタール

ムスタファ・エル・アッタール

アハメド・タルハ

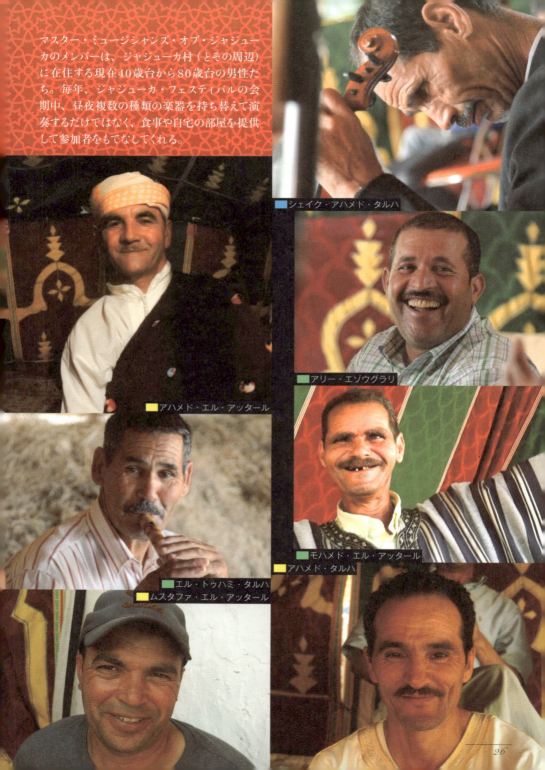

マスター・ミュージシャンズ・オブ・ジャジューカ メンバー紹介

مرحبا! زهجوكة مزيانة!
マルハバン！
ジャジューカ・ムジヤーナ！
（こんにちは！ ジャジューカはよいところ！）

アブダッラー・ズィヤト

モハメド・エル・ハトゥミ

エル・ハリル・ラディ

ティベルほか打楽器
ガイタ、リラ
ヴォーカル、カマンジャ
リード・ヴォーカル
ブージュルード

アブドゥッサラーム・ブークザール

モハメド・モクチャン

アブドゥッサラーム・ルトゥービ

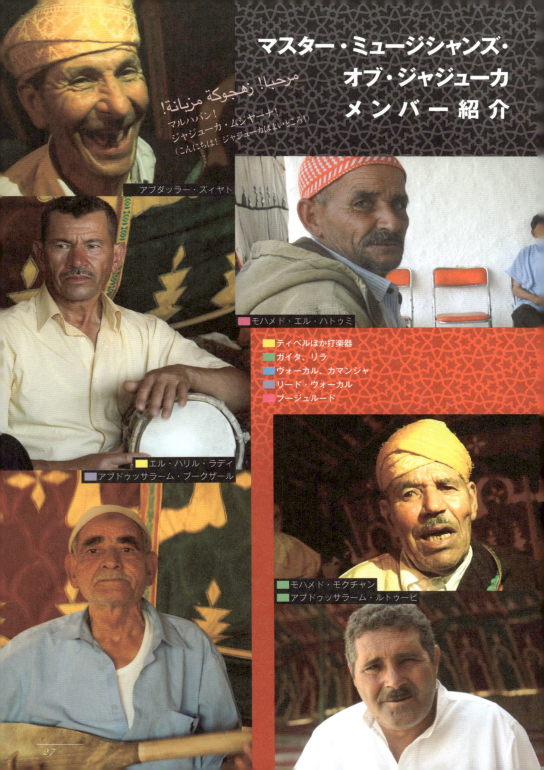

「この特異な純粋性を世界に発信する理由——初来日にあたって」

フランク・リン（マスター・ミュージシャンズ・オブ・ジャジューカ マネージャー）インタビュー

渡邊未帆＝取材・翻訳・構成

現在のマスター・ミュージシャンズ・オブ・ジャジューカのマネージャーは、アイルランド出身のフランク・リンである。一九八〇〜九〇年代にはロックバンドのボーカルを務め、現在は歴史家としてパリの大学で教鞭を取っている。

彼は一九八三年のダブリンで、バロウズのカットアップやサイキックTVの文脈から、ブライアン・ジョーンズによるジャジューカのアルバムに出会った（Zine「Maghreb Sharit Mix」インタビューより）。一九九二年にはダブリンでのガイシンとバロウズを記念したフェスティバルにマスター・ミュージシャンズ・オブ・ジャジューカを招聘し、一九九四年にはモハメド・ハムリの案内でジャジューカ村を訪問して三カ月滞在した。それ以来約四半世紀、ジャジューカ村と密接な付き合いを続けてきた。

『Joujouka Black Eyes』（一九九四）、『Sufi Moroccan Trance』（一九九六）、『Boujeloud』（二〇〇六）といったCDのプロデュースのほか、近年はイングランドのグラストンベリー・フェスティバル（二〇一一）、ローマのヴィラ・アペルタ・フェスティバル（二〇一三）そして、パリのポンピドゥーセンターでの「ビート・ジェネレーション展」（二〇一六）といった大舞台での公演を成功させた。二〇〇八年から村で行われているジャジューカ・フェスティバルも彼とマスターたちの協力のもとで行われている。

二〇一七年七月、ジャジューカ・フェス真っ最中のフランクに、来たるマスター・ミュージシャンズ・オブ・ジャジューカ初来日にあたって、マネージャーとしての視座を伺った。

ジャジューカの純粋性を世界に発信し続けなければいけない

フランク　ジャジューカの音楽は、古代世界から鳴り響く真正の声であり、しかし、世界では徐々に失われつつあります。というのも、近代化、組織化によって、子供たちが都市部へ離散して、山岳地帯の人口が減少していくなかで、その音楽の存在が脅かされているからです。この固有の音楽を、現代において生存させるためには、村の儀式や年間の祭りに音楽を定着をさせることとともに、かつ、この文化の特異なる純粋性を世界に発信し続けなければいけません。世界にこの音楽を紹介していくことは、この文化の独自性を保持し続け、この地域を守ることに繋がるのです。

ハイアートとフォークロアの混合としてのジャジューカ

　我々はアヴァンギャルド・アートを通じてジャジューカの音楽に出会うことができます。ジャジューカの歴史にとって非常に重要な人物であるイギリスの画家ブライオン・ガイシンは、一九五一年にモハメド・ハムリの案内でここを訪れました。ウィリアム・バロウズもここを訪れ、最初のカットアップ小説『爆発した切符』（一九六二）でジャジューカのパン（半人半獣）とパイプについて書いています。パリの「ビート・ホテル」で、彼らがサンプリングやカットアップといった新しい手法に着手するにあたって、ジャジューカの録音は最初の素材のひとつとなったのです。さらには、アンガス・マクリーズはルー・リード、ジョン・ケール、モーリン・タッカーとともにヴェルヴェット・アンダーグラウンドを結成する前にモロッコに滞在しジャジューカの音楽を聴いていました。彼を通じてアンディ・ウォーホル周辺にも影響は及び、さらにはご存知ブライアン・ジョーンズの録音から、ローリング・ストーンズにも及びます。

　今日、ジャジューカにはふたつのグループがあるわけですが、その両方のルーツにこの村出身の画家モハメド・ハムリがいます。ハムリはモロッコでも大変に重要な画家で、一九五〇年代には「モロッコのピカソ」とまで呼ばれたほどでした。彼の絵はジャジューカの空気、モロッコの魔術を捉えています。ジャジューカを世界に広めることはハムリの野望でもありました。彼がブライオン・ガイシン、ウィリアム・バロウズ、ブライアン・ジョーンズ、ティモシー・リアリー、オーネット・コールマンといった欧米のアーティストたちをこの村に案内したことで、ジャジューカの音楽は欧米の聴衆に常にハイアートとフォークロアの混合として耳に届くようになったのです。

魂と身体に入り込む太古の響き

　ジャジューカは紀元前にルーツを持った古代の音楽です。ブージュルードの儀式は、地中海世界の多くの儀式とじつによく似ていて、そのことは地中海がエジプト人、カルタゴ人、ギリシャ人、ローマ人の文明の中心であったことを思い起こさせます。ローマの春の祝祭で牧神が祀られたように、ジャジューカでの半人半獣のブージュルードの姿には、地中海周辺のいろいろな要素が残されていて非常に興味深いものです。

また、ジャジューカ村では一五世紀に村にスーフィー神秘主義をもたらした聖人シディ・アハメド・シェイクが崇拝されています。スペインから追放されたムーア人たちは、錬金術、科学、魔術、スーフィー祈禱について非常に優れた知識と技術を持っていました。ジャジューカではこの聖人がマスターたちの先祖を発見し、「バラカ」（超人的な力）を授け、治癒の音楽の技術を身につけさせたと言われています。まるで手術器具で脳の悪い箇所を取り除くように、音楽で治療をできるのだと。よって、彼らのDNAの中にある太鼓のリズムとガイタの響きは、物理的、物質的に移動して聴く者の魂と体に入り込み、精神を向上させ、人はその音楽によって幸福で満たされるのです。

ジャジューカの山羊、ダンス、病、狂気、幸福、愛

このようにジャジューカの音楽は世界で最も力強い音楽のひとつです。ガイタと太鼓の演奏はもとより治癒を目的としたトランスの音楽であり、世界で最も力強いアコースティックの音楽であるとも言えるでしょう。村で演奏を聴いたアメリカのロックバンド、スマッシング・パンプキンズのビリー・コーガンは「ヘヴィメタルほどの大音量を鳴らすアコースティックバンドは、ジャジューカの他ないだろう」と言ったほどです。

　今回の日本公演のFestival de FRUEでのジャズ、ダンス、サイケデリック志向に、ジャジューカの音楽は必ずやぴったりフィットすることでしょう。聴衆は、このジャジューカの比類なき真正性に驚き、ミュージシャンらと一体となって、感じ、踊り、自分自身の意識と心の深部を見つめることができるでしょう。そして、モロッコのジャジューカ村と日本の素晴らしい交流という、その貴重な記憶を持ち帰ることができるでしょう。また、東京の中心の二四時間休むことのない街、渋谷でも公演を行います。最先端の街に太古の音楽が持ち込まれるということは非常に興味深いことです。東京のオーディエンスたちは、リフ山脈に現れたスーフィーの聖人、山羊、ダンス、病、狂気、幸福、愛に触れて、どのように振る舞い、何を見出すでしょうか。私はジャジューカの音楽が、日本人の感覚を魅了すると信じています。

（二〇一七年七月二日　ジャジューカ村にて）

▲ジャジューカ村にて、フランク（左）とハトゥミ（右、フェスのブージュルード役）。
フランク・リン　アイルランド出身パリ在住。歴史家。The Master Musicians of Joujoukaマネージャー、プロデューサー。パリ・セルジー・ポントワーズ大学助教授。

ジャジューカ・フェスティバル
への参加方法

The Master Musicians of Joujouka Festival

（ザ・マスター・ミュージシャンズ・オブ・ジャジューカ・フェスティバル）は、

2008年にブライアン・ジョーンズ来村40周年記念として第1回が開催されて以来、マネージャーのフランク・リンが外国人への窓口となり、村のマスターたちがホストとなって、毎年夏にモロッコのジャジューカ村で3日間にわたって開かれている。全世界で50名限定の参加者がジャジューカ村のマスターたちの家に滞在しながら、村の生活の中で音楽を体験することができる。

ジャジューカ村の最寄りのモロッコ国鉄駅クサール・エル・ケビールに金曜日の昼に集合し、そこからは車の送迎が用意されている（駅から村までは車で約30分ほど）。あとは3日間ジャジューカ村の音楽と生活に身をまかせるのみ。フェスティバル期間中は各マスターたちの家に宿泊し、食事や飲み物も提供される。村へのアルコールの持ち込みは厳禁。

現地は山間部のため、想像を絶して暑い場合も、夜間に冷える場合もある。暑さ寒さ両方の対策推奨。帰りは月曜日の午前中にクサール・エル・ケビール駅で解散となる。

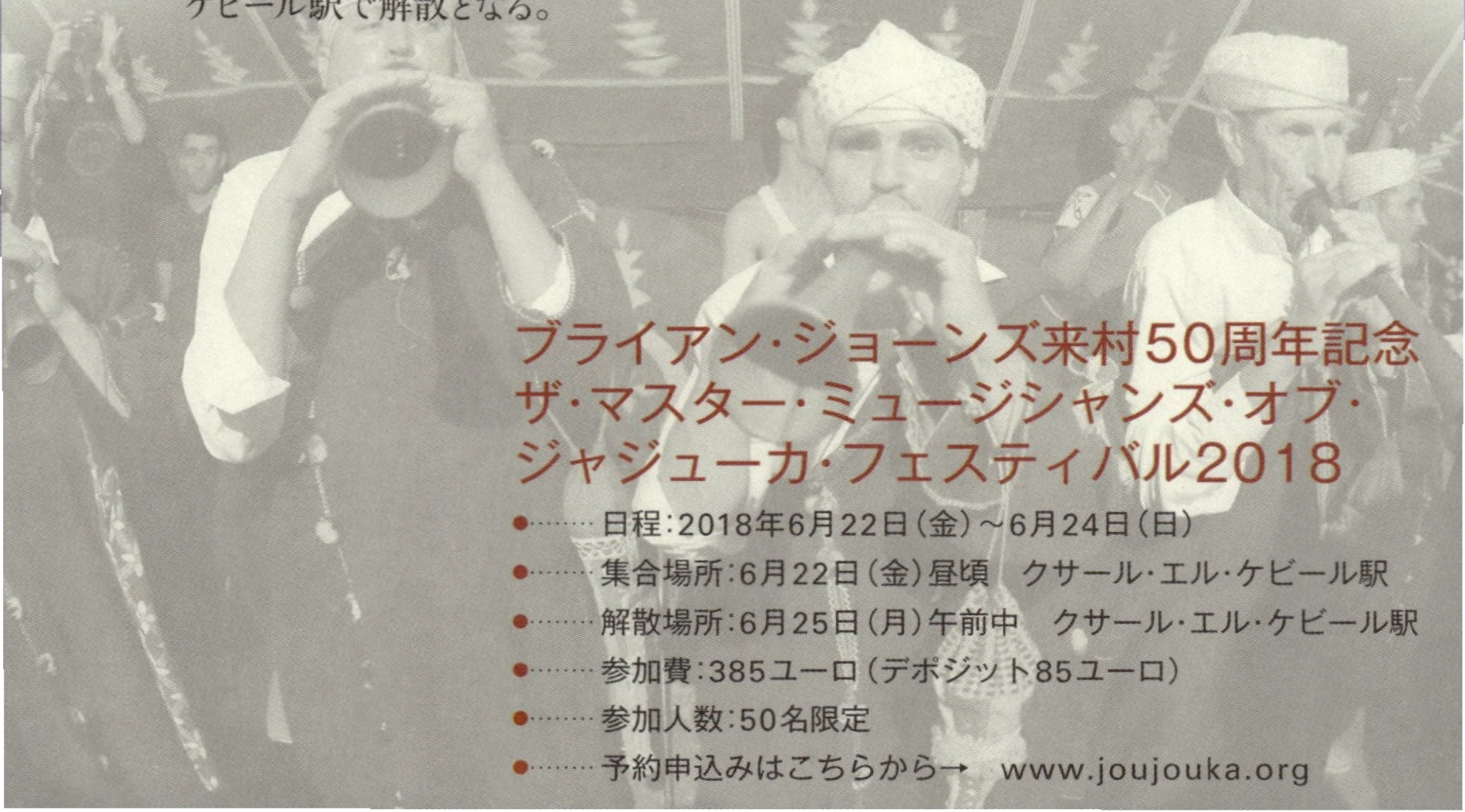

ブライアン・ジョーンズ来村50周年記念
ザ・マスター・ミュージシャンズ・オブ・ジャジューカ・フェスティバル2018

- 日程：2018年6月22日（金）～6月24日（日）
- 集合場所：6月22日（金）昼頃　クサール・エル・ケビール駅
- 解散場所：6月25日（月）午前中　クサール・エル・ケビール駅
- 参加費：385ユーロ（デポジット85ユーロ）
- 参加人数：50名限定
- 予約申込みはこちらから→　www.joujouka.org

زهجوكة

第1章 村の音楽

ジャジューカ村と音楽の歴史——四〇〇〇歳のロックンロール・バンド

渡邊未帆＝文　北真基子＝写真

「四〇〇〇歳のロックンロール・バンド(The 4000 year old rock and roll band)」とはティモシー・リアリーのジャジューカについてのエッセイのタイトルで、ブライアンのジャジューカ録音アルバムのキャッチコピーとなった有名な言葉である。ここであえて「年の〜」ではなく「歳の〜」と日本語訳するのは、彼らの音楽はその歴史の「歳月の長さ」だけでは語ることができないからだ。ジャジューカの音楽の歴史は「ひとつの共同体の歴史」そのものなのだ。

村の位置

ジャジューカ村は、北アフリカ、モロッコの北端の港町タンジェから南へ約一〇〇km、リフ山脈の麓にある小さな村である。アラブ化されたベルベル人とアンダルシアを起源とした人々の混じったアハル・セリフ族と呼ばれる人たち("Historical Dictionary of the Bedouins")の集落で、現在、約一〇〇世帯、約六五〇人が暮らしている。モロッコ国鉄クサール・エル・ケビール القصر الكبير 駅からR410を車で三〇分ほど東に向かい、その途中の細道を上がっていくとその村はある。その細道を見つけられなくて、自力でジャジューカ村を目指したが、たどり着かなかった人の話を何人から聞いたことだろう。

今でこそ、Google Mapもあるし、二〇一四年にはついにジャジューカ村に続く道の手前に看板が立てられた。看板にはアラビア語で زهجوكة、英字でZahjoukaと表記されている。おや、Joujoukaじゃなかったの？ と訝しく感じるだろうか？ あるいは、そもそもJoujoukaと書くなら、カタカナにしたらジョウジョウカと読むんじゃないの？ カタカナにしたらジョウジョウカと読むんじゃないの？ さらには、ジヤジューカと呼ぶなら、だったらJajoukaと書くべきじゃないの？ と思う人もいるかもしれない。

⊙「ジャジューカ」の綴り

アラビア語の文字は右から左へ読む。母音ا ア、ي イ）エと区別がない）、و ウ（オと区別がない）の三種類、また欧字やカタカナでは表しきれない音もある。アラビア語の文字を別の言語の表記に置き換えることなんてそもそも不可能だ。筆者がアラビア語を習い始めて最初にエジプト人の先生に言われたのが「アラビア語はアラビア語でしか考えられません。アラビア語をローマ字や英語、カタカナや日本語に置き換えるのはやめましょう」ということだった。

村の人の話によると、この村に小学校が出来たのは一九五〇年のことだそうだ。私の親くらいの世代は、欧字も、アラビア語の文字も読み書きしない。コミュニケーションは話し言葉で行われている。彼らは自分たちの村の名前を彼らの発音で呼ぶが、その正しい文字表記についての確固たるアイデンティティを持っているわけではない。村の名前の文字の表記の正当性に関する議論は、今のところ、いつも村の外の世界で行われているのだ。

⊙ふたつの集団

なぜ最初に表記のことを書いたのかというと、現在「ジャジューカ」と呼ばれる音楽集団はふたつあるからだ。The Master Musicians of Joujouka と表記される団体とThe Master Musicians of Jajouka led by Bachir Attar と表記される団体。共に似た名前でややこしい。本書で扱っているのは前者のJoujouka の方で、この綴りは、この村を世界に知らしめたブライアン・ジョーンズのレコードで使われている表記でもある。

「joujou」というのはフランス語で「おもちゃ」という意味があるし、アフリカの呪術的な言葉から採られたという説もあるが、ガイシンか誰かがそんな遊び心でつけたのかどうかは今となっては不明だ。でも、とにかくこちらの綴りを継承しているのが、モハメド・ハムリからフランク・リンが引き継いでプロデュースしているジャジューカ村在住のマスターたちの集団で、現在のリーダーは太鼓奏者のアハメド・エル・アッタールである。一方、後者は現在ニューヨーク在住のバシール・エル・アッタールが率いる集団である。彼らはともども音楽一族アッタール家の子孫で、従兄弟にあたる関係だという。

危機の歴史

ジャジューカの音楽は少なくとも千数百年以上の長い年月継承されてきたと言われている。

この稀有な音楽は歴史上何度も危機に瀕してきた。イスラーム化と同時に土着の音楽は消えうる対象だったかもしれない。しかし、十五世紀末にこの村に着いたスーフィー聖人シディ・アハメッド・シェイクがこの音楽を、乱れた心を治癒する「バラカ」（超人的能力）を秘めた神聖な音楽であるとして、スーフィズムの音楽として祝福したのだ。

その後、十九世紀のアラウィー朝時代には、ジャジューカの音楽が、マラケシュやフェズのスルタン（君主）のために演奏されたという記録があるし、十九世紀末にスペイン政府がモロッコに新たな市場を拡大させようとする中、ムーライ・アハメド・ライスーニというテトゥアン生まれのならず者スルタンが、ジャジューカの音楽をリフ地方のキャンペーンに大いに活用し、大金を稼ぎ出したという記録もあり（『ローリング・ストーン』一九七一年一〇月）、一時期はこの村の音楽の栄華の時代もあったようだ。しかし、そのスルタン、ライスーニがスペイン政府に捕まり、一九一二年のフランスのモロッコ植民地化によってジャジューカの音楽は非常に厳しい状況に陥ったようだ。一九五六年にモロッコ王国は独立し、その後イスラーム教スンニ派が国教となった。彼らの民間信仰とスーフィズムの音楽は、スンニ派の信仰と村で溶け合いながら、現在まで生き続けているというわけだ。

欧米人による発見

そうしたなか、第二次世界大戦以降、欧米のビート詩人やヒッピーたちによってこの秘技的な音楽が「発見」されていくわけだが、ジャジューカの欧米への窓口となったの、がこの村出身の画家モハメド・ハムリだった。ハムリは一九四九年にタンジェで作家ポール・ボウルズと出会い、翌年にはイギリスの画家ブライオン・ガイシンと親しくなって、彼を村に案内した。

意気投合したハムリとガイシンは、一九五四年にジャジューカの音楽を多くの人に聞かせるべく「千夜一夜レストラン」をタンジェに開いた。後にジャジューカの音楽を圧倒的に世界に広げたブライアン・ジョーンズを筆頭に、欧米のビート詩人やヒッピーたちがジャジューカの音楽に魅了されたのは、ジャジューカの音楽自体が持つパワフルさとともに、ハムリとガイシンという案内役の存在があったからだろう。

七〇年代にはフランスやアメリカからいくつかレコードがリリースされ（↓P56ディスクガイド参照）、八〇年代にはフェラ・クティのプロデューサーとしても活動したイギリス人のリッキ・スタインがプロデュースしてスペイン、フランス、オランダ、アイルランド、イギリスを三カ月にわたって回っている。九〇年代は、ハムリが村に拠点を置いてマスターたちの世話人として活動し、イタリアやダブリンのフェスティバルに出演している。そして二〇〇〇年のハムリの死後、現在のマネージャー、フランク・リンがハムリの意志を継いで彼らとともに歩んでいる。（↓P32フランク・リンインタビュー参照）

⊙村の家族構造……

さて、ガイシンがジャジューカ村に惹かれた理由は、もちろん彼らの特異な音楽だったはずだが、一方で、村で強い兄弟愛で結ばれた楽師の男たちと、家を守る女たちの間に断絶が存在したことだったとも言われている（山形浩生『たかがバロウズ本。』より）。ガイシンが同性愛者であったことをここで指摘したいわけではなく、特筆したいのは、この村が徹底した父系社会であり、そのことが音楽の継承において重要な点だということだ。

エマニュエル・トッドによる家族構造の分析（『世界の多様性』）によると、アラブ世界には「内婚制共同体家族」の伝統がある。その特徴として、㈠相続上の規則によって兄弟間の平等が定義されている　㈡結婚している息子たちと両親の同居　㈢ふたりの兄弟の子供同士（いとこ同士）の結婚が頻繁、ということが挙げられている。このような父系社会は女性の地位向上を妨げてはいるが、ジャジューカのような小さな村の世襲制の音楽が数千年続いてきたことには、こうした家族構造の伝統が由来していると考えられるだろう。

⊙土地を耕す者と土地を離れた者……

一九八一年に当時の楽団のリーダー、ハージ・アブドゥッサラーム・エル・アッタールが亡くなると、子供の頃から楽団の一員として活動してきた一九六四年生まれの実息バシール・エル・アッタールが次期リーダーを父から継承することになり、その後、バシールはアメリカ人女性チェリー・ナッティングと結婚している。チェリーはボウルズの友人の写真家として彼の日記にも登場する人物である。バシールはジャジューカの歴史上初めてリーダーと自認しながら楽団に「外婚制」を持ち込んだ人物だった（ハムリもアメリカ人女性と結婚した人物だが、代々続く音楽一家の子孫ではない）。

バシールはニューヨークにチェリーとともに渡り、チェリーは彼のマネージャーの役割を担う。バシールがニューヨークで共演しているのはユダヤ系の即興演奏やジャズのコミュニティのミュージシャンたちで、土地を追われて大都会の移民の街にたどり着いた二世たちである。そういったシーンで、社会や宗教の伝統を超えたアヴァンギャルドと民族音楽の混交の試みから新しい音楽が生まれていることは確かだ。「バシール」とは、奇しくもアラビア語で「先駆者」という意味があるそうだ。

しかし、ジャジューカの音楽の伝統は土地と切り離すことはできない。五穀豊穣、子孫繁栄の音楽なのだ。アラブ社会においては先に述べたように兄弟間の平等、いとこ婚の奨励という伝統があり、直系の息子で長男に財産を相続することよりも、共同体の生活様式を存続させていくことを重視している。しかし、ここでトッドの論を再び持ち出せば、それでもイスラーム社会は近年のうちにさらに近代化し、女性の識字率が上がり、出生率が下がっていくことが予言されている（『文明の接近』）。実際に村の若者が仕事を求めて都市や外国に渡ることが増えていると聞く。この村の生態系も二〇世紀に入って急激な変化を遂げていることとは一目瞭然である。この先この村の音楽はどうなっていくのだろうか……。

ジャジューカ・フェスで体験する生演奏

治癒の音楽、半人半獣ブージュルードのための音楽、結婚式の音楽、女性による女性のための音楽、リフ山脈一帯に伝わる歌……ジャジューカ村では様々な音楽が長い年月をかけて伝承されている。ここではジャジューカ・フェスの昼と夜に体験できる3種の音楽を紹介しよう。

渡邊未帆＝文・写真　富田絵美＝写真

昼の演奏

(1)歌、弦楽器、打楽器のアンサンブル

この歌入りのアンサンブルは、リード・ヴォーカル（ヴァイオリンと兼任）が一節ずつ次々と歌い、同じ歌詞とメロディを全員でユニゾンでなぞる輪唱形式を取っている。ヴァイオリンは歌のメロディを装飾しながらなぞるように、胴を膝に立てて弓で弾かれる。ロウタール（モロッコのリュート）、ダルブッカ、ダフ、ティベルのアンサンブルが加わる。スペインのムスリムたちによるアラブ・アンダルーズの音楽を源流に、リフ山脈一帯に伝わるこの形態の音楽は、「タクトゥーカ طقطوقة」や「ジャバリア جبلية」と呼ばれていて、グループによって固有に様々な形で伝承されている。それらの中には、ソリスト（それぞれ歌、ヴァイオリン、ウードの場合がある）やリーダーの名前が強調されていることが多い。（→p.56ディスク・ガイド参照）しかし、

ジャジューカはそれらとは異なっている。
このスタイルで演奏される時は、楽団のリーダーとは別に、リード・ヴォーカルでヴァイオリン奏者のシェイク・アハメッド・タルハさんが音楽的なリードをとりながら大きなひとつの音楽を織り上げていくようだ。
歌の内容は、アラーの神への賛美、恋、土地の賛美といったことがモロッコ方言で歌われているようだ。歌は記された文字ではなく口頭で伝承されている。その全貌は不明だが、中でも「Brahim Jones Joujouka Very Stoned」という歌は、モハメド・ハムリが一九六八年にブライアン・ジョーンズが村に訪れた時のことを詩にした英語が混じった歌で、現在も村の人々に歌い継がれている。この歌は「♪ああ、ブラヒム・ジョーンズ・ジャジューカ・ヴェリー・ストーンド」と繰り返され、「ブライアン・ジョーンズがジャジューカの音楽を世界中に知らしめてくれた。僕たちは彼のことを永遠に忘れない」という意味のことが歌われている。

【使用される楽器】

カマンジャ كمنجة **（ヴァイオリン）**

かつてはアラブの擦弦楽器（ラバーブ ربابة とも呼ばれる）が使われていたようだが、近代ではヴァイオリンを膝に立てて使うようになったようである。4本の弦を5度音程ずつにチューニング。

ベンディール بندير

片面太鼓。フレームドラムとも呼ばれる。裏に響き線が張られている。

ロウタール لوتار

モロッコのリュート。山羊の皮が張られた共鳴板を持つ撥弦楽器。3本（あるいは4本）の弦が張られている。

ダラブッカ دربوكة

酒杯形の片面太鼓。膝の上に乗せて両手で膜の中央と縁の音色を使い分けて演奏される。現在ジャジューカ村ではエジプト式のものが使われている。

リク رق

ジングル付きの片面太鼓。古典音楽にも民音楽にもアラブ音楽には欠かせない楽器。

フェスで歌われている歌のひとつ「シリー・アイニキ・エル・ハビービー（あなたの瞳と歩きたい）」を紹介しよう。演奏の最中に、現在のリーダーの息子ビラル・エル・アッタールさんに、歌を聴きながら歌詞をアラビア文字でノートに書き取ってもらい、それをジャジューカ村の小学校教師モハメド・ハルバッシュ先生に英訳していただき、アラビア語と英語にもとづいて日本語訳したものである。

سري عينك الحبيبي
سري عينك الحبيبي

الموت بيني وبينك الحبيبي
الغزل سري عينك المعدبني وبينك
سريني معك سريني معك المعو
بني

الله الله الله المعدبني
الله الله الله المعدبني

ألالا على حبيبي معي
ألالا على حبيبي معي

（アラビア文字書き起こし：ビラル・エル・アッタール）

【英語訳】

O beautiful walk around with your eyes.
O beautiful walk around with your eyes.

Death between us, my love.
Take me with you, my tormenter, my beloved.

God, God, you torment me.
God, God, you torment me.

Why my lover did not come.
Why my lover did not come.

（英語訳：モハメド・ハルバッシュ）

【日本語訳】

あなたの瞳と歩きたい
あなたの瞳と歩きたい

僕らの愛の間に横たわる死よ
いっそ恋人と一緒に、僕と僕の苦しみも連れ去ってくれ

神様、神様、神様　僕の苦しみを……
神様、神様、神様　僕の苦しみを……

どうして恋人は戻ってこないのだ
どうして恋人は戻ってこないのだ

（日本語訳：渡邊未帆）

(2) 笛と太鼓による演奏

洞窟でブージュルードが村の男アッタールに授けたのがこの笛（リラ）とその音楽の秘密だと語り継がれている。つまりこの村に伝えられる最も古い音楽だと言えるだろう。アッタールはこの笛を村に持ち帰ると、ブージュルードに秘密で村の仲間に同じものを作らせ、みんなで合奏を始めた。アッタールが当初からこの音楽を独り占めしようとはせず、村のみんなのものにしたことは興味深い。リフ山脈に響くこの笛のアンサンブルの音色はとても素朴で美しい。曲によっては全員でユニゾンの曲もあるが、歌やガイタのセッション同様、笛のセッションもひとりの笛奏者がリードしてメロディを吹き、そのほかの笛奏者が追いかけるようにしてユニゾンで同じメロディをたどって演奏する。ガイタのセッションと同じ旋律が吹かれることもあり、ガイタの演奏の源流となるのがこの笛の演奏だ。

音楽学者のジョーゼフ・ジョルダーニアはその著『人間はなぜ歌うのか？』で、世界の様々な地域のポリフォニーの伝統を比

較研究しているが「われわれの遠い祖先の合唱歌唱はおそらく、二つのグループの交唱か、独唱者とそれに答えるグループの交代による応唱にもとづいてきた」と述べ、ポリフォニー（複数で歌う）がモノフォニー（ひとり歌う）に先立つことを主張している。ジャジューカの音楽も決して個人で成立するものではなく、次々にメロディのアイディアを出していく独奏者とそれに呼応するグループの演奏の繰り返しで成り立っている。

【使用される楽器】

リラ

シンプルな竹製の笛。

ティベル

山羊の皮が貼られた両面太鼓。大小使われる。手で叩いて演奏される。

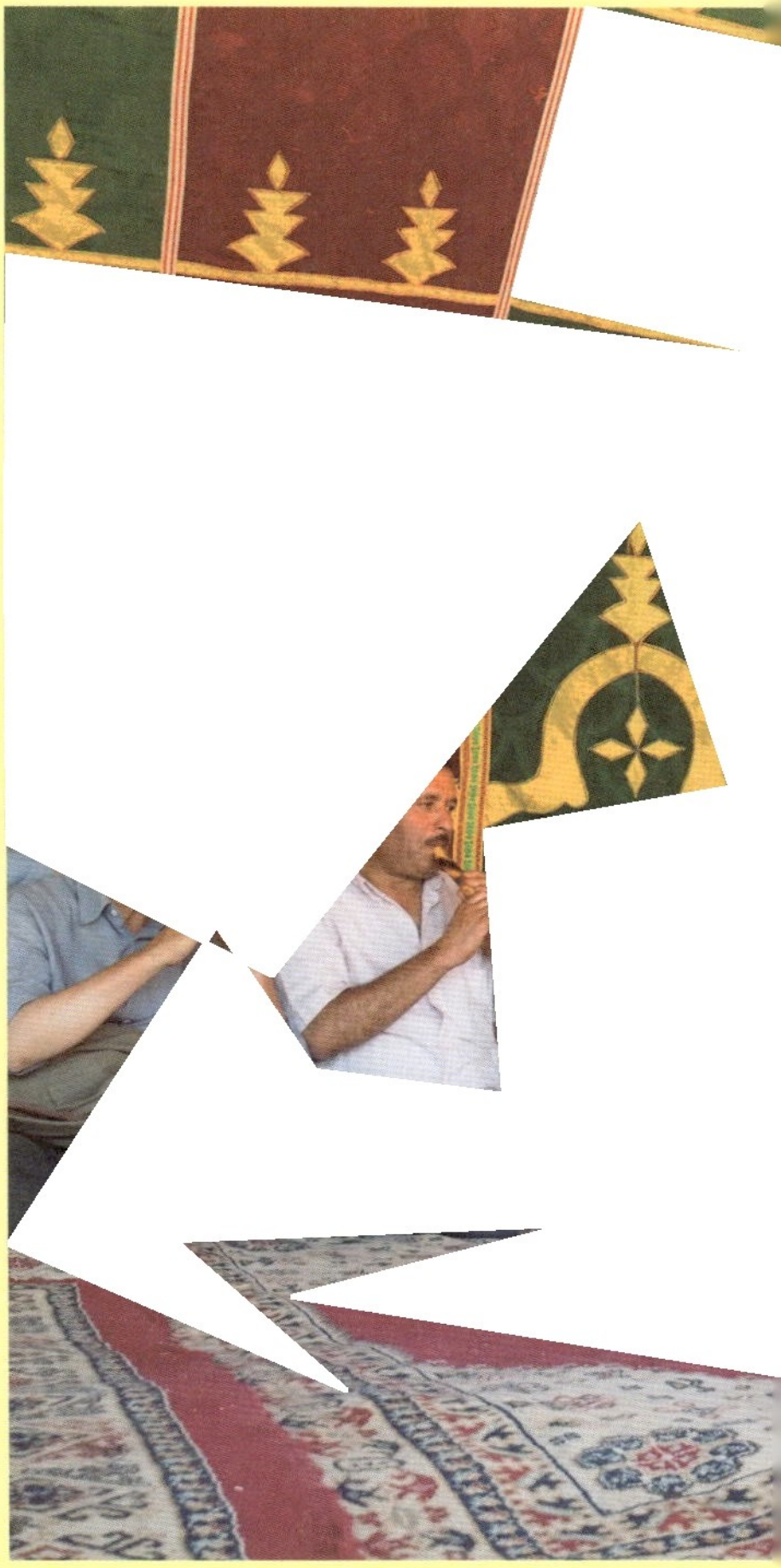

夜の演奏

(3)ガイタと太鼓の演奏

ブライオン・ガイシンは「一度ジャジューカの音楽を聴いたら踊らずにはいられないだろう。そしてジャジューカ村の仲間になったと感じることになる。一度踊り出したら止まらない。一生彼らの音楽とともにあることを誓うことになるだろう」（『ローリング・ストーン』誌一九七一年一〇月）と言っている。脳天を直撃するガイタの音色、うねる太鼓のリズム。二種類の楽器による古代から伝わるトランス・ミュージックは、現在もその力を失っていない。

この音楽は、「ジャジューカの伝説」で、半人半獣のブージュルードが約束を破ったた村人アッタールへの怒りを爆発させて山から降りてきた時に、村人たちが地元の狂女アイーシャを花嫁として差し出し、婚礼の儀式で演奏したもの。ブージュルードを心ゆくまで踊らせるための「ブージュルードの音楽」と呼ばれている。（→p・72「ジャジューカ村の信仰と伝説」参照）

ハムリ著『ジャジューカの伝説』には、聖人シディ・アハメド・シェイクが初めてこのガイタの音を聴いた場面が以下のように描写されている。

「輝いた木でできたガイタで演奏されるその音楽は、完璧な力を帯びていた。リードとマウスピースのついた円形のホーンで、演奏の最後にはパッと燃え上がるようだった。シディ・アハメド・シェイクは、その音楽を聴いてその恩恵をはっきりと理解した。ガイタが演奏される時に循環する空気が音楽に癒しをもたらすと彼は理解した。取り込まれたエネルギーが転換されて直接脳に送られるのだ。そんな力強い刺激、とても大きくて高い音が、アッラーの恩恵とともに、病んだ精神を癒す外科的なツールとなるのだ」

　このガイタの響きで、まず人々を圧倒させるわけだが、それだけではない。リズムもとても重要な要素である。ここでは二〇一七年のフェスの二日目(七月一日の演奏)を例に約1時間半余りの演奏のリズムとダイナミズムを追ってみたい。この時は一〇人のガイタ奏者と五人の太鼓奏者で演奏された。太鼓は大小二種類。紙面ではもちろん表現しきれないことは承知のうえで、この音楽のダイナミズムを記述してみよう。

　数年前のフェスで、ヨーロッパの音楽学者が「これは5拍子なのでは？」と言っていた。「いやいや、違うと思う」と、私は言った。この音楽のリズムは、フラメンコを少しかじっている私には12の周期と考えると非常に気持ちがいい。基本となるリズムは、8分の9拍子、8分の12拍子、16分の12拍子なのではないかと思う。フラメンコは12拍子という2でも3でも4でも割れる魔法の拍数の中で、アクセントの位置を変えて、その曲種を特徴づけている。例えば、12拍子を3+3+2+2+2拍に分割とする曲種（ソレア、アレグリアス）、3+3+3+3拍と数えられる曲種（ヘレスのブレリアス）、2+2+3+3+2と数えられる曲種（シギリージャ）というように。ジャジューカの音楽はアラブ・アンダルーズ音楽に起源があると言われるが、まさにこの12のマジックを巧みに使っていると言えるだろう。確かに、アクセントの場所はひとかたまりに5箇所あるから5拍子と取れなくもないが、そうするとどこかで半端な長さの拍が生まれて、踊っていてちょっとずっこけ気味になってしまうのだ。もう半拍細かい刻みを意識しながら、かつ、大きなうねりに乗ってしまえば、きっとリズムそのものが自然に彼岸へ連れて行ってくれるだろう。でも実際には、つべこべ考えずに、音の海に身を委ねるのみ！

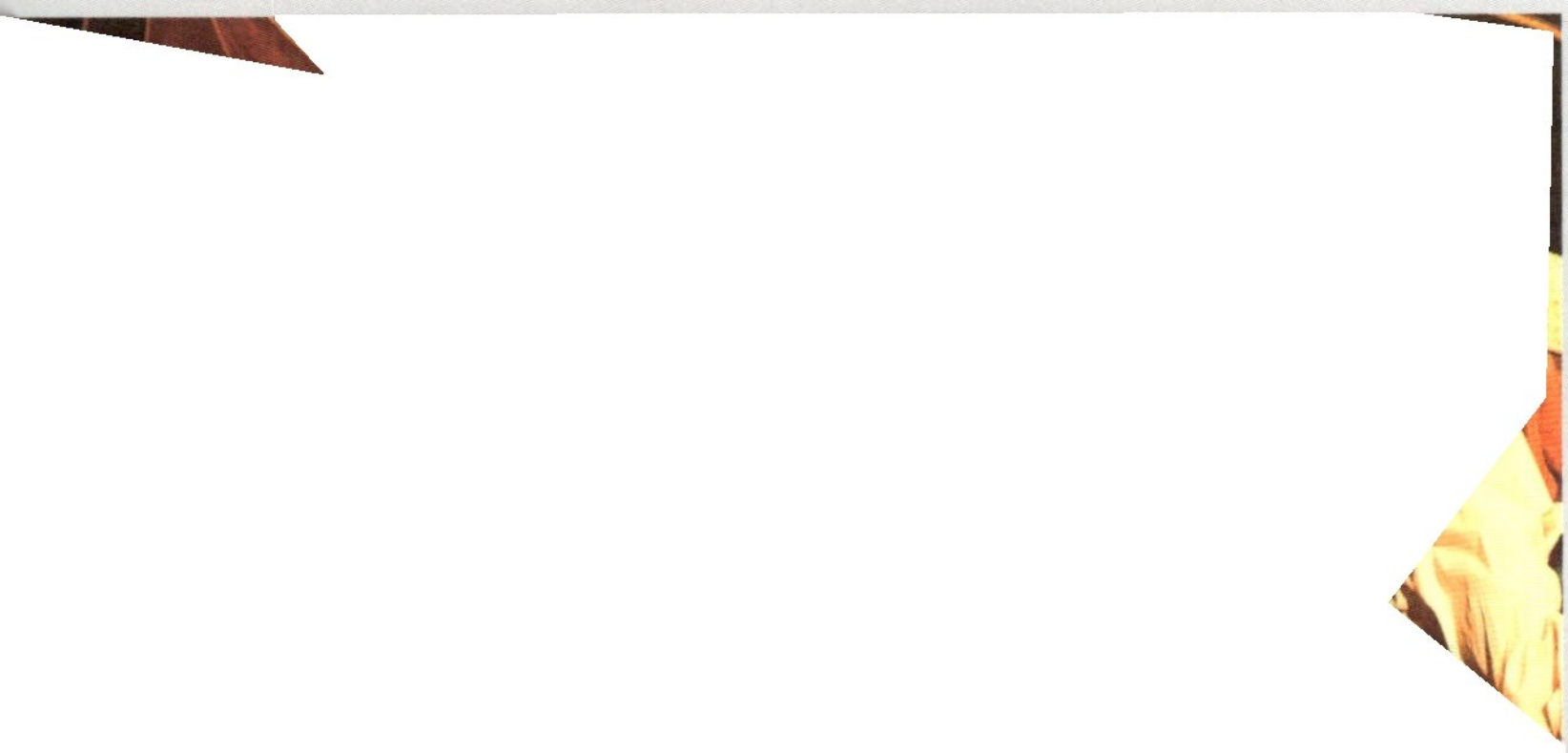

「ブージュルードの音楽」演奏例（二〇一七年七月一日）

①導入（約13分）

8分の9拍子（速い）3＋3＋3

1	2	3	4	5	6	7	8	9
●	·	○	·	●	·	○	·	○

リード・ガイタ奏者エル・トゥハミ・タルハさんのひと吹きで、太鼓が入る。彼が1フレーズごとにメロディを先導し、残りのガイタ奏者がそれをなぞる。それを幾度も繰り返す。緊張感のなか観客は聴き入る。

②踊りへの誘い（約4分）

8分の12拍子（速い）3＋3＋2＋2＋2

1	2	3	4	5	6	7	8	9	10	11	12
●	·	·	○	·	·	●	·	○	·	○	·

ブレイクが入り、リード・ガイタ奏者のひと吹きで、リズムが変わる。楽団のリーダーのアハメド・エル・アッタールさんが観客の手を引き、踊りにいざなう。リード・ガイタ奏者がメロディを吹き続ける中、他のガイタ奏者はドローン（1音を伸ばす）を吹き続ける。徐々にボルテージが上がっ

ていく。

③リズムにたゆたう１（約18分）＋（約5分）

(a)
8分の12拍子（遅い→速い）3＋3＋2＋2＋2

1	2	3	4	5	6	7	8	9	10	11	12
●	・	・	○	・	・	●	・	○	・	○	・

(b)

1	2	3	4	5	6	7	8	9	10	11	12
○	○	○	○	○	○	○	○	○	○	○	○

再びブレイクが入り、またリード・ガイタ奏者のひと吹きで、リズムが変わる。今度は先ほどよりも少しゆったりとしたテンポで始まる。18分ほど演奏されるとだんだんテンポを上げ、ガイタが一斉に1音を伸ばしはじめ、太鼓が連打し出す！　ボルテージ最高潮か?!

④リズムにたゆたう2（約22分）

8分の12拍子（遅い→速い）3＋3＋2＋2＋2

1	2	3	4	5	6	7	8	9	10	11	12
●	・	・	○	・	・	●	・	○	・	○	・

と思いきや、まだまだ。再びブレイクが入り、またまたリード・ガイタ奏者のひと吹きで、先ほどの③の始まりのテンポに戻る。すでに自然と体が音楽に気持ちよく揺らされていることだろう。腰やお尻をセクシーにくねらせる。アイーシャに扮した村の少年たちが踊りの輪に加わるのもこの頃である。じっくりとテンポを上げていく。最初から休みなく踊っている人はすでに50分近く踊っていることになるので、ランナーズハイ状態を迎える頃か。

⑤ブージュルードのテーマ（約18分）

伝説でブージュルードを村から追い出す時の場面で演奏された音楽。CDなどでは「ジャジューカ・ブラック・アイズ」という曲名がついている。

16分の12拍子（高速）4＋4＋4

1	2	3	4	5	6	7	8	9	10	11	12
●	・	○	●	○	●	●	・	●	・	●	・

と、そこでいきなり高速リズムが始まる！　山羊の皮をかぶったブージュルードの登場である。両手にはオリーヴの枝を持ち、子供も女性も男性、誰彼構わずそれでバシバシと叩きつける。子供たちはからかいながら、ブージュルードに近づき、ブージュルードが枝を振り上げると、まるで鳥の群れのようにササーっと散らばっていく。それに気を取られているところ、ふと振り返ると待ってましたとばかりに村の青年たちがどこからともなく飛び出してきて、若い男性の性的パワー全快という感じで、頭も手足を振り乱して、高速で激しいタテノリの踊りを繰り広げていた。これでもかと続けられ、まさに絶頂の時！

⑥余韻の中で再び踊り続ける（約13分）

8分の12拍子（遅い→速い）3＋3＋2＋2＋2

1	2	3	4	5	6	7	8	9	10	11	12
●	・	・	○	・	・	●	・	○	・	○	・

マスターたちは心得ている。絶頂の興奮を迎えた後に、一度低速ギアに戻すのである。そこから徐々に再びテンポを上げながら、先ほど激しいタテノリになる前のリズムに戻る。腰をくねらせ今度は「女性的な」とでも表現したくなるようなリズム。大きな余波を呼び寄せて、さらにひと押し、ふた押し……！

そして最後の最後は意外にもあっさり、ガイタのピロッというひと吹きで締められる。興奮と幸福感溢れる余韻。

【使用される楽器】

ガイタ غيطة

ダブルリードの木管楽器。パワフルな音色が特徴的。循環呼吸法で演奏される。

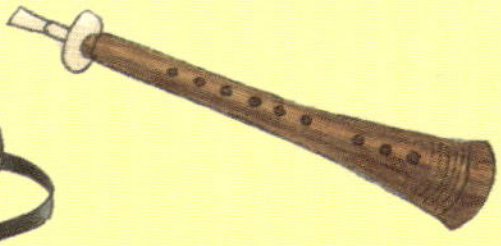

ティベル طبل

山羊の皮が貼られた両面太鼓。大小使われる。木の棒で演奏される。

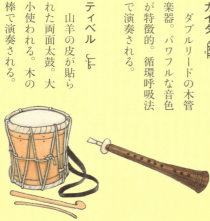

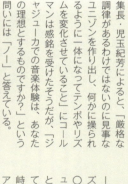

ジャジューカとその周辺を彷徨うための

① **The Master Musicians of Jajouka『The Primal Energy That Is The Music And Ritual Of Jajouka』Adelphi (1974)**

ブライアン・ジョーンズのアルバムは別ページで紹介したので、ここではこのアルバムからスタートしよう。ブライアンのアルバムのリリースの翌年一九七二年にアメリカ人ジョエル・ルビナーがジャジューカ村で収録し、プロデュースした。バシール・アッタールの父ハージ・アブドゥッサラーム・アッタールがリーダーだった頃の演奏。一九九五年にCD化。七〇年代に、他二枚のジャジューカ村録音のLP『Tribe Ahl Serif: Master Musicians Of Jajouka』(Musical Heritage Society, 1974)『Le Rif: La Tribe Ahl Serif』(Arion, 1978)が残されているが、いずれも入手困難。

② **Ornette Coleman『Dancing In Your Head』A&M Records (1977)**

一九七三年、オーネット・コールマンがジャジューカ村へ訪れ、マスターたちと共演した。このアルバムにその曲「Midnight Sunrise」が収められている。ジャジューカの伝統的な音楽にコールマンが即興的に合わせていく方法を取っているが、マスターたちの演奏は、まるで別室で別トラックに録音しているかのように、このフリージャズ語を全く意に介さない。元『スイングジャーナル』編集長・児玉紀芳によると、「厳格な調律があるわけではないのに見事なユニゾンを作り出し、何かに操られるように一体になってテンポやリズムを変化させていること」にコールマンは感銘を受けたそうだが、「ジャジューカでの音楽体験は、あなたの理想とするものですか?」という問いには「ノー」と答えている。

③ **Archie Shepp『Live at the Pan-African Festival』BYG (1971)**

脇道にそれるが、オーネット・コールマンが出てきたところで、ジャズと北アフリカに関する録音を。六〇年代、アメリカの黒人ジャズ・ミュージシャンが「アフリカに還れ」というモットーを掲げるが、大挙してアフリカに渡って現地の音楽と対峙した象徴的な出来事は一九六九年アルジェでの第一回パン・アフリカン・フェスティバルだ。パリのBYGレーベルでこの時のアーチー・シェップのグループとアルジェリアのミュージシャンの共演の録音が残されている。シェップは「Jazz is Black Power!」と叫んでいるが、共演しているアルジェリアのミュージシャンたちはアフロ・アフリカンがルーツの者たちではなく、トゥアレグ族(ベルベル人)である。

③①
④②

④ **Barney Willen『MOSHI』Saravah (1972)**

脇道ついでに、もう一枚。一九六九年から七〇年、フランスのサックス奏者バルネ・ウィランは、モロッコ、アルジェリア、ニジェール、マリ、ブルキナ・ファソ、セネガル、ダーカールを旅して、宗教儀式や伝統音楽をテープに録音した。その素材を元に自身の演奏とミックスして再構築したのがこのアルバム。あの映画『男と女』(♪ダバダバダ)の主演男

ディスク・ガイド

渡邊未帆＝文

優ピエール・バルーが一九六六年に設立したSARAVAHレーベルから出ている。ちなみに故・ピエールさんの奥様アツコ・バルーさんは二〇一七年ジャジューカ村に来訪。

⑤The Master Musicians of Joujouka『Joujouka Black Eyes』Blue Moon (1995)

脇道から戻ってジャジューカ関連アルバム再び。一九八一年にジャジューカのリーダー、ハージ・アブドゥッサラーム・アッタールが亡くなったことが関係するのかは不明だが、八〇年代にリリースされたジャジューカ音源は見つからない。このアルバムは、現在The Master Musicians of Joujoukaのマネージャーを務めるフランク・リンが一九九四年に三カ月ジャジューカ村に滞在して録音、プロデュースしたもので、ハムリ作曲「ブラヒム・ジョーンズ・ジャジューカ・ベリー・ストーンド」を含めた歌のセッション、リラのセッション、ガイタのセッションが収められている。

⑥The Master Musicians of Joujouka『Boujeloud』Sub Rosa (2006)

同じくフランク・リンが一九九四年に滞在した時の録音。ジャジューカの音楽のメロディに焦点を当てるべく、素朴なリラのセッションの録音を中心としている。

⑦The Master Musicians of Joujouka『Into The Ahl Srif』Ergot Records (2015) LP

七〇年代以来のジャジューカのLP。二〇一二年録音。

⑧The Master Musicians of Joujouka『Live In Paris』Japanese Tour 2017 limited edition Unlistenable Records (2017)

二〇一六年パリ・ポンピドゥーセンター「ビート・ジェネレーション展」での録音。日本公演のために作られた限定エディション！

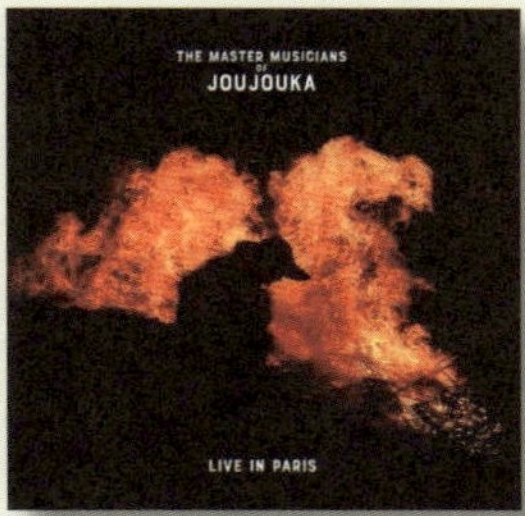

⑥⑤
⑧⑦

⑨Rolling Stones『Steel Wheels』Virgin Records (1989) ※The Master Musicians Of Jajouka Featuring Bachir Attar

さて、ここでThe Master Musicians of Joujoukaとは別団体の方もあえて記述しておかなければならないだろう。別団体とはいえ、元はひとつの村の音楽だったわけだから。きっかけはこのローリング・ストーンズの八九年のアルバムだと言えるだろう。ミックとキースのソロ活動の時期を脱した三年ぶりの和解アルバムで、モロッコでのジャジューカのミュージシャンとの共演が企画された。BBCのドキュメンタリー映像でその様子を見ることができる（レコーディングにはボウルズも同席）が、片言の英語を話す先代リーダーの息子バシールが、ジャジューカ側の窓口役をしている。「コンチネンタル・ドリフト」という曲で、ストーンズとジャジューカの共演を聞くことができるが、タンジェで一緒に演奏したわけではなく、ストーンズのパートは別々に録音してオーバーダビングされている。

⑩Bachir Attar With Elliot Sharp『In New York』ENEMY (1990)

一九八九年にバシールは活動の場

をニューヨークに移し、ジャジューカ出身の「ソロ」アーティストとして活動を始める。ニューヨークのアヴァンギャルド／実験音楽シーンで著名なエリオット・シャープと共演。

⑪ The Master Musicians of Jajouka Featuring Bachir Attar『Apocalypse Across The Sky』AXIOM (1992)

一九九一年、ジャジューカ村で、バシール（フィーチャリング）とマスターたちの演奏が録音された。現在もフェスで演奏されている伝統的な曲、フェスで聴くことができない女性の歌も収められている。ニューヨークのプロデューサーでベーシストのビル・ラズウェルが八九年に設立したこのAXIOMレーベルからグナワやインド音楽といった民族音楽とジャズのセッションがリリースされている。

⑫ Brian Jones Presents『The Pipes Of Pan At Jajouka』Point Music (1995)

ブライアンのジャジューカ・アルバム（P14-15参照）は、原盤のハムリ画の影もなくバシールの写真がジャケットとなり、当初の綴りJoujoukaからJajoukaに変更、さらに二曲の謎のボーナス・トラック（プロデュースはクリフ・マーク）が加えられて、一九九五年にCD化。フィリップ・グラスのPoint Musicレーベルから発売された。一体どういうことなのか!?

⑬ The Master Musicians Of Jajouka led by Bachir Attar 他『The Road to Jajouka』HOWE Records (2013)

現在、バシール率いる（最近は「led by」と表記されている）The Master Musicians of Jajoukaは、ニューヨークのアヴァンギャルド・シーンの中に入り込み、グループで活動している。これはメデスキ・マーティン&ウッド、マーク・リボー、ジョン・ゾーンといった前衛ジャズのアイコンたちと共演し、“ベネフィット・アルバム”と称して作られた。（村に利益は届いたのだろうか?-）

⑭ Ensemble Laaroussi Lichen en concert à Paris『Maroc: Taktoka Jabalia』BUDA (1998)

さて、ここからは「ジャジューカに似て非なるものたち」をいくつか。パッと見るとジャジューカと衣装が同じじゃないか!? どこが違うのか? 彼らはジャジューカ村から南東約五〇㎞にあるタウナート地方の楽団。このアルバムは一九八〇年に結成されたロルシ・ラヘン率いる十人組のパリ公演の録音である。ジャジューカ・フェスの昼に演奏される

⑪⑩
⑨
⑬⑫

⑯⑮
⑭
⑱⑰

ヴァイオリン、ウード、打楽器群と歌の合奏は、「タクトゥーカ」や「ジャバリーヤ」と呼ばれ、リフ山脈一帯でさまざまな形で演奏されている。

⑮⑯⑰ジャバリーヤ3枚

上記の演奏を聴いて気になったので、赤塚りえ子さんに「もしジャジューカと似たジェラバの人のCDをお持ちでしたら貸してください!」とお願いしたら、現地で仕入れた似たジェラバの人たちのCDを一〇枚くらい貸してくださった! その一部を公開させていただく。ウードと歌を基調としたハージ・スリフィ、アラブ・アンダルース色の強いアブドゥルハク・ラウルーシー、ヴァイオリンと歌を基調にして女性コーラスが入るジャマル・タンジャーウィ。「ジャバリーヤ」とざっくり呼ばれているものの、それぞれのグループに固有の色が出ていて興味深い。

⑱ガイタ・ジャバリーヤ

赤塚さんにお借りしたCDの中に、ジャジューカに似たジェラバを着た人たちによるガイタのセッション(ガイタ三人、太鼓二人)があった。ジャケットにThe Master Musicians of Joujoukaで演奏している太鼓奏者らしき人が写っているので、メッセンジャーでジャジューカ在住の現在のリーダーの息子、ビラルにジャケ写を送って「これはジャジューカですか?」と聞くと「いいえ」という返事。もう一度、今度は太鼓の人だけ切り抜いた写真を送って「この人はジャジューカの人ですか?」と聞くと「はい」という返事だった。「ジャジューカという概念とは何か」を問う必聴の一枚。

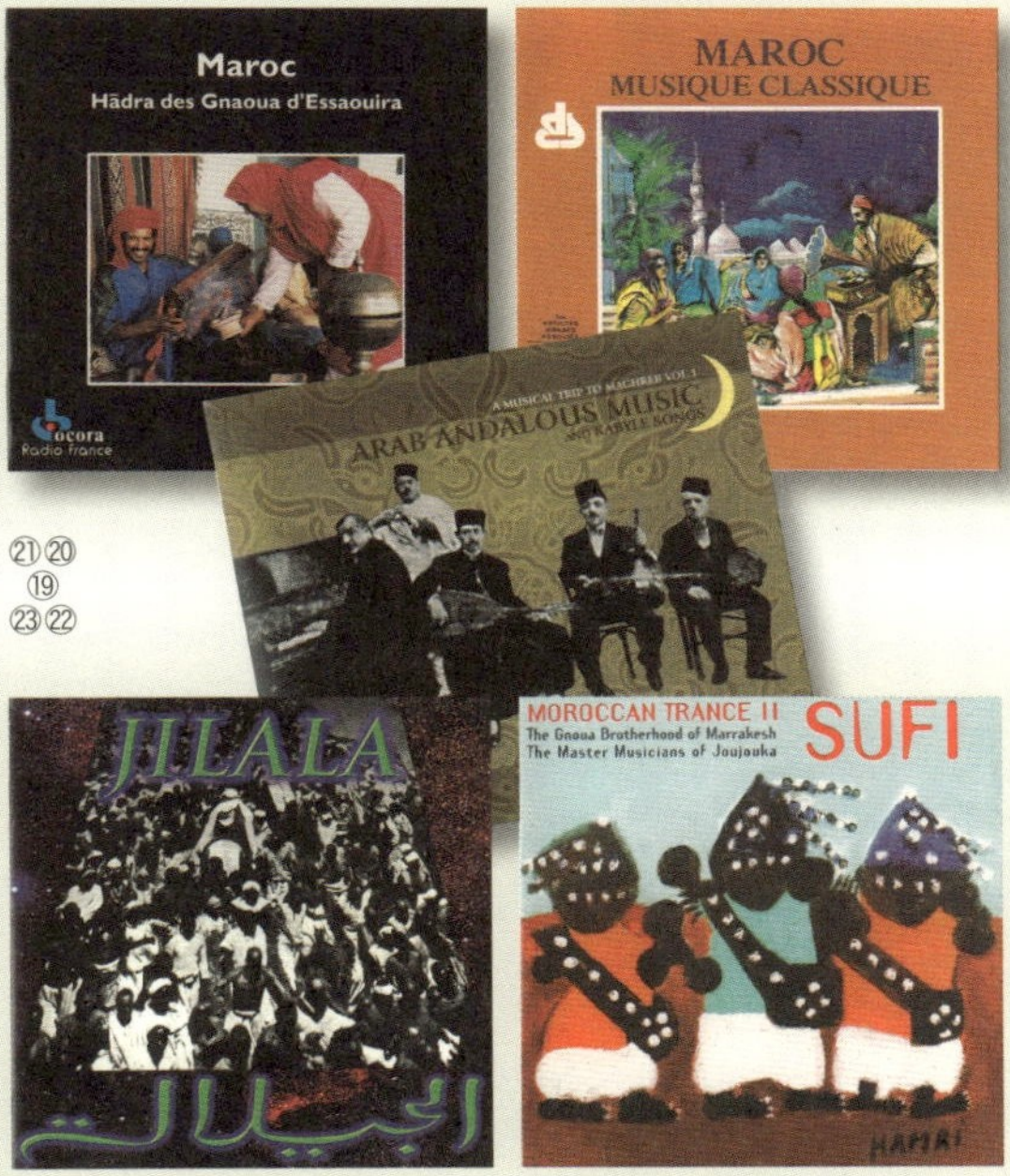

㉑⑳
⑲
㉓㉒

⑲V.A.『A Musical Trip to Magreb Vol.1 Arab Andalous Music and Kabyle Songs』Office Sambinha (2008)

ここからはジャジューカのルーツをめぐる古典音楽を。イラクの首都バグダッド生まれのアラブ古典音楽の名手ジルヤーブが、コルドバのラフマーン二世に仕えて発展させたのがアラブ・アンダルーズ音楽の始まりだと言われている(ライナーノーツより)。こうした音楽は初期のうちから踊りとは分けられて、音楽的に洗練されてきた。レコンキスタによってアラブ・アンダルーズ音楽はスペインを追われて北アフリカに上陸した。このCDはモロッコ、アルジェリア、チュニジアにさまざまな形で継承されるこの古典音楽を集めた二枚組。ジャジューカの源流に思いを馳せて、遠い時空間の旅に出かけられるアルバム。

⑳Cheikh Mohamed Chouika & Omar Jaidi『Maroc Musique Classique』Club du Disque Arabe (1989)

続いて、そのアラブ・アンダルーズ音楽から特にモロッコのベルベル人が受け継いだものを集めたアルバム。アラブの古典音楽とモロッコ方言の歌をともなった民俗音楽が混交し、他の北アフリカとは違う特徴を持つ。これは一九三二年にエジプトのカイロで行われたアラブ音楽会議で、モロッコ代表となったラバト出身のシェイク・モハメド・シュイーカとオマール・ジャイーディ率いるグループの録音。

㉑『Maroc: Hadra des Gnaoua d'Essaouira』Ocora (1993)

ここからはスーフィーの音楽をいくつか。モロッコの音楽と言えばグナワと連想する人も多いかもしれない。グナワもジャジューカと同じスーフィーの儀式の音楽ではあるものの、そのルーツは異なる。グナワはアフリカの黒人とベルベル人の混血とそのイスラーム化によって成り立った音楽だ。この録音は一九九〇年エッサウィラの小規模な共同体によるもので、一六世紀に西アフリカからマラケシュに連れてこられた黒人奴隷の集団移住者たちを起源としているらしい。歌、ゲンブリ、カルカバ（大きな金属のカスタネット）とともに、ダンサーたちが恍惚のうちに踊る。アフリカ的な儀式がイスラームの教団の装いで代々残されている。

㉖㉕
㉔
㉘㉗

㉒ The Gnoua Brotherhood of Marrakesh, The Master Musicians of Joujouka『Moroccan Trance Ⅱ：Sufi』Sub Rosa (1996)

マラケシュのグナワとジャジューカの録音をカップリングさせた、フランク・リンのプロデュースによるアルバム。ジャケットはハムリが描いたグナワ・ミュージシャン。

㉓『JILALA』Trance Record (1967)

これもスーフィーの儀式の音楽、ジララ。少人数のグループによるベンディール、笛、歌に乗せて、憑依状態でのダンスが行われる。この録音は一九六五年ガイシンとボウルズによって、アメリカの詩人アイラ・コーエンが住んでいたタンジェの自宅パーティで収録された。ロベール・ブリアット著『ポール・ボウルズ伝』によると、このジララのミュージシャンたちはコーエンがユダヤ人であったことを後で知り、ユダヤ人がスーフィーの儀式に参列するなど問題外だったことからコーエンを探し出そうとした。しかし彼は録音テープを持って急いでタンジェからニューヨークへ発った。そしてこのレコードがリリースされたという。

㉔ Paul Bowles『The Pool K Ⅲ』Cadmus Editions (2013)

ポール・ボウルズは作曲家として数々のピアノ曲、歌曲や映画や舞台のための楽譜に書かれた作品の数々を残しているが、ここでは彼のミュージック・コンクレート作品のアルバムを。一九九八年にイタリアからガイシンの作品として一度リリースされたが、1958年頃のボウルズの作品だったことが明らかになり再リリースされた。バスタブに滴る水の音を加工したという美しく抽象的な作品が集められている。

㉕ Brion Gysin『One night @ the 1001 vol.1』Sub Rosa (1998)

さて、ここからはジャジューカからカットアップへ続く音源をいくつか。ガイシンと一九七五年から晩年まで親しくしていたフランスの画家ラムンチョ・マッタによって編まれた。CD1には五〇年代のジャジューカでガイシンが録音した演奏が入っている（ブライアン以前の録音ということになる）。CD2はガイシンとバロウズの朗読。「話し言葉の本来の意味は、言葉そのものの意味よりもむしろ、そのリズムによって現われる」とガイシンは言う。

㉖ William Burroughs『Break Through in Grey Room』Sub Rosa (1987)

バロウズのカットアップ作品が集められたCD（オリジナルLPは一九八六年）。バロウズの六〇年代の朗読のほか、ジャジューカの演奏（一九七三年にコールマンとともにジャジューカ来村した時の）も素材に使われている。

㉗ **William Burroughs, Brion Gysin, The Master Musicians of Joujouka etc.　V.A.『10%: file under Burroughs』Sub Rosa(1996)**

フランク・リンとジョー・アンブロウズのプロデュースによるカットアップ・アルバム。バロウズ、ガイシン、ハムリ、ボウルズ、マリアンヌ・フェイスフル、テリー・ウィルソンの声、ジョン・ケール、グナワ、ジャジューカの演奏などが素材に使われている。

㉘ **Leo Young『A True American Hero』Tummy Touch（2001）12inch Single**

ジャジューカのDNAから最も遠く離れた？一枚。「全く何者か解らない12インチシングルで、百円コーナーでジャケ買い。とりあえず御二方（バロウズ、ガイシン）に捧げられているのですが……。曲はどうって事の無いB級、いやC級ハウスもの？一応A面に英語の語りあり、しかしバロウズの声ではないので、もしかするとガイシン？うぅむ、この手のレコを紹介しだすとキリが無くなるのでは……。未帆さんどう思いますか？」イラストレーター kucciさんのご主人で美術家の杉本英輝さんにお送りいただいた。

㉙ **Angus Maclise『The Cloud Doctrine』Sub Rosa（2002）**

最後にジャジューカからの間接的影響を示すアルバムをいくつか。アンガス・マクリーズは一九六五年結成のヴェルヴェット・アンダーグラウンドの初期パーカッション奏者だった（ヴェルヴェッツとしての録音は見つかっていないが）。彼はバンド結成前に世界各地を旅し、ジャジューカ村にも訪れていたという。そんな彼の六～七〇年代にニューヨークでトニー・コンラッドらと録音したテープを集めた二枚組。一九七九年にカトマンズーで客死。

㉚ **John Cale, Tony Conrad, Angus Maclise, La Monte Young, Marian Zazeela『Inside the Dream Syndicate』Captain Trip（2000）**

マクリーズは、ジョン・ケール、トニー・コンラッド、マリアン・ザジーラとともにラ・モンテ・ヤングの永久劇場にも参加している。一九六五年録音のドリーム・シンジケート。ジャジューカは、マクリーズを通じてヴェルヴェット・アンダーグラウンドだけではなく、ニューヨークのドローン、ミニマル・ミュージックへ……!?

㉚㉙
㉜㉛

㉛ **Psychic TV and The Angels Of Light『Godstar』Temple Records（1985）12inch Single**

㉜ **Psychic TV『Godstar：Thee Director's Cut』Temple Records（2004）**

スロッビング・グリッスルのメンバーだったジェネシス・P・オリッジらによって一九八一年に結成されたイギリスのバンド、サイキックTV。ジェネシスにとってのスーパースター、ブライアン・ジョーンズに捧げられた。頓挫した同名の映画のサウンド・トラックCD（2枚組）には、ブライアン・ジョーンズがジャジューカ村に訪れた時のことを語るガイシンのインタビューが収められている。

極私的ジャジューカ史・イン・ジャパン

山崎春美＝文

▼▼▼一九七六年三月……▼

〝星の数ほどもあるロックのレコードにあって、『JouJouka』はもっとも奇異な、それゆえにこそ〈体験的〉なレコードの一枚として、いつも、もう一度発見されなければならない〟

――間章「ローリング・ストーンズにおけるブライアンとその影」（一九七六年三月）

ただの感傷ではなく、ましてやキレイキレイな美術館や博物館、下手して夜景映える高層のバーラウンジで鑑賞されたりする類の音楽ではなく演奏でもなく、そもそもカンショウとは読まないのであって、このコトバ書きは、主に六〇年代末期から七〇年代に活躍した音楽批評家の名前で【あいだ・あきら】、そう人名。ジャズ評論家として知られ、当時は数少なかった海外からの招聘、すなわち「呼び屋さん」つまり企画者（今で言う「イベンター」）としても活躍し、スティーブ・レイシーらを皮切りに、デレク・ベイリー、ミルフォード・グレイヴスなどの未だ世に知られざる即興音楽家たちを次々と来日させては、阿部薫などと共演させたその業績によって広く知られる。右の、あまりにも決定的な一文は、一九七五年三月に創刊された『ZOO』という、後に『DOLL』と改名してどちらかといえばパンクを草創期から、やがてはハードコアを中心に扱う音楽誌に掲載された。

冒頭に挙げた文章を含んだロックエッセイ集（『僕はランチにでかける』九二年柏書房版は絶版、現在は『間章著作集Ⅲ　さらに冬へ旅立つために』月曜社刊に所収）の解説を書いた村上龍曰く「間章と聞くと三島由起夫、阿部薫、寺山修司らと同じ懐かしさを感じる…」とあり間の『チープ・スリル』のライナーノーツについて触れているが、そのライナーは当時既に飛ぶ鳥を落とす勢いで売れていた雑誌『POPEYE』の、それも巻頭の「POP☆EYE」なる情報頁の端の目立つ場所で、確かどこかの企業とのタイアップで設けられた〈ライナーノーツ大賞〉に選ばれた。

先回りして言っておくと、間章は七八年一二月一二日に急死している。それも彼が最後まで盟友とした阿部薫が九月九日にこれまた急死した、三カ月後である。この、あまりにも劇的な二人の死によって（しかもゾロ目）、翌七九年の雛祭りには竹田賢一か水谷孝（裸のラリーズ）または灰野敬二のいずれかが突然死を遂げるんじゃないかとの密やかな「憶測」が界隈で飛び交い囁かれたりしたが、結局めぼしい死者は出なかった。が、二人の死で日本の即興音楽界は「十年は遅れた」と言われている。

この『僕はランチ…』刊行から遡ること約十年前の八二年秋に（いまこの文を書いている）ぼくが『宝島』の企画で村上龍にロングインタビューしたとき、話の流れで間章のことを（むろん知らないだろうと思って）口に出したところ、「ああ、惜しい人を亡くしたよね」と返されてびっくりした経緯があった。ちなみにその現場にいた編集長含む編集者二人とカメラマン他の全員が「間章」を知らなかった……。

それにしても驚くべし、間章のこの決定的な一文が書かれたのは七六年三月であり、むろんのこと『ジャジューカ』日本盤はまだ発売されてはいない。そしてここで語らなければならないのは、この国でのジャジューカの扱われかたであり、ここでもまた間の説明が簡潔に的を射ている。

〝発売当時からこの『JouJouka』はあまり問題とされることがなかったし、それ以上にこのアルバムはブライアンの単にイクセントリック（原文ママ）な趣味的なアルバムと考えられ、それ以上でもそれ以下でもないという形で無視されてきた〟（同前）

英国オリジナル盤は六八年に録音され、七一年にやっと発売されたわけだが（日本盤発売は七九年。『イン・マジカル・モロッコ（ジャジュカ）』が正式邦題で、ライナーノーツの裏面にはブライオン・ガイシンによる説明文（六四年の記述より抜粋）が記されているが、表面《おもてめん》にはストーンズ・ファンクラブ会長の文！　が掲載されていて七九年八月記とある。

大阪は梅田の、悪名高き（当時は違法風俗店と犯罪の温床たる）阪急東通商店街に（向かい筋に〝まんだらけ〟が出来た頃にはもう店を畳んでいた）〝ＬＰコーナー〟なる新譜専門の輸入レコード屋が、少し高めな値段設定と、アルバムがたとえ見開きジャケットでも透明ビニールで内ジャケまで包んでくれるサービスで売っていた。この日本盤がまだぼくの手元にあるなんて奇跡に近い。

しかもまだ話は終わらない。なるほど、ぼくは間章を知っていた。お通夜にも灰野（敬二）さんに連れられるようにして浜野（その当時ぼくが演ってたバンド〝ガセネタ〟のギター）と三人で行った。ぼくはちょうど二〇歳で、親族のを除くと生まれて初めて行ったお通夜だった。間章は自主制作のレコードも作ろうとしていて三枚分の予告がされていて内、一枚だけ出た。ルイ・フェルディナン・セリーヌの演説レコードだった。（彼のサドンデスでお蔵入りした残りの二枚はボリス・ヴィアンとアントナン・アルトー）。無関係な話じゃないよ。ポール・ボウルズの妻ジェイン・ボールズは思春期の一四歳に落馬での骨折がもとで結核に罹患、スイスのナトリウムで療養、二年後のニューヨークまでの帰途の船中（セリーヌの）『夜の果てへの旅』を読んでいると見知らぬ男が近づいてきて、自分がセリーヌだと名乗った。二人は親しくなり、ジェインはニューヨークに着いて母に会うなり言った。

「わたしは作家よ。書きたいの」

▼▼▼一九七九年一〇月……▼

それはそれとして（このセリーヌの）一枚、金さえ払えば買えるという代物ではなかった（値段覚えてないんだけど確か五千円。当時よく譲ってもらったＬＳＤも朧気にそんくらいだったような気がしている）。お金に加えて近在者には面接、遠方者は四千字以上の作文？　か論考？　が必須。そんなこんなで葬式から四カ月も経たぬうちにめまぐるしく〝ガセネタ〟は解散、七九年春からは工作舎に日参（通勤）するぼくがいた。

同社は『遊』という隔月刊雑誌を出していて〝遊塾〟なる無料塾を開く告知があり、これもペーパー試験と面接があった。編集・翻訳・デザイン・写真等は即戦力となるので真剣に選ぶが音楽系はほぼ全滅だった。自慢しているわけじゃなくて僕は編集にも回せるし文章も書けるしってとこだろう。企業広告もずいぶん作ったし……するうち『遊』のレコード評の頁を書いてみるかと言われて、やや舞い上がった。これまでその「ディスクリッピン」（DISC + CLIPPING の造語か）という頁は、二人のうち一人が杉浦康平、秋山邦晴、小杉武久、高橋悠治、以下敬称略的な錚々たる面子による現代音楽やクラシック、民族音楽の頁と、その対向にポピュラー音楽、ジャズ、ロック、そしてインディーズ（なんて言葉はこれまたまだない）の頁が組み合わさった見開き連載で、こちらは阿木譲と間章が担当していたが、先に記したように間章は鬼籍入りしていたし、その月、阿木譲が海外取材で不在だった。一も二もない。だけど何を選ぼうか……。繰り返して言うがぼくは二十歳……。

　選ばれた五枚のレコードは、一枚は新譜から、その前年に世界的に猛威をふるったブライアン・イーノプロデュース『ノー・ニューヨーク』の最初を飾ったジェームス・チャンスによる一風変わった（プレスリー映画の）サントラにした。さて残りの四枚をどうするか。ESPレーベルから定番のジャズではなくGODZ（GODSとは別のバンド）、新人類的なスパークス等々を含めてタイニー・ティム、そしていまなら一言でアシッド・フォークの雄として堂々たるティム・バックリィのファースト、そしてブライアン・ジョーンズ・プレゼンツの『ジャジューカ』が、そのど真ん中に堂々と鎮座した。出たばっかりの日本盤。

　この記事が掲載された『遊一〇〇九号　世界模型＋亜時間』の発売は七九年一〇月だった。

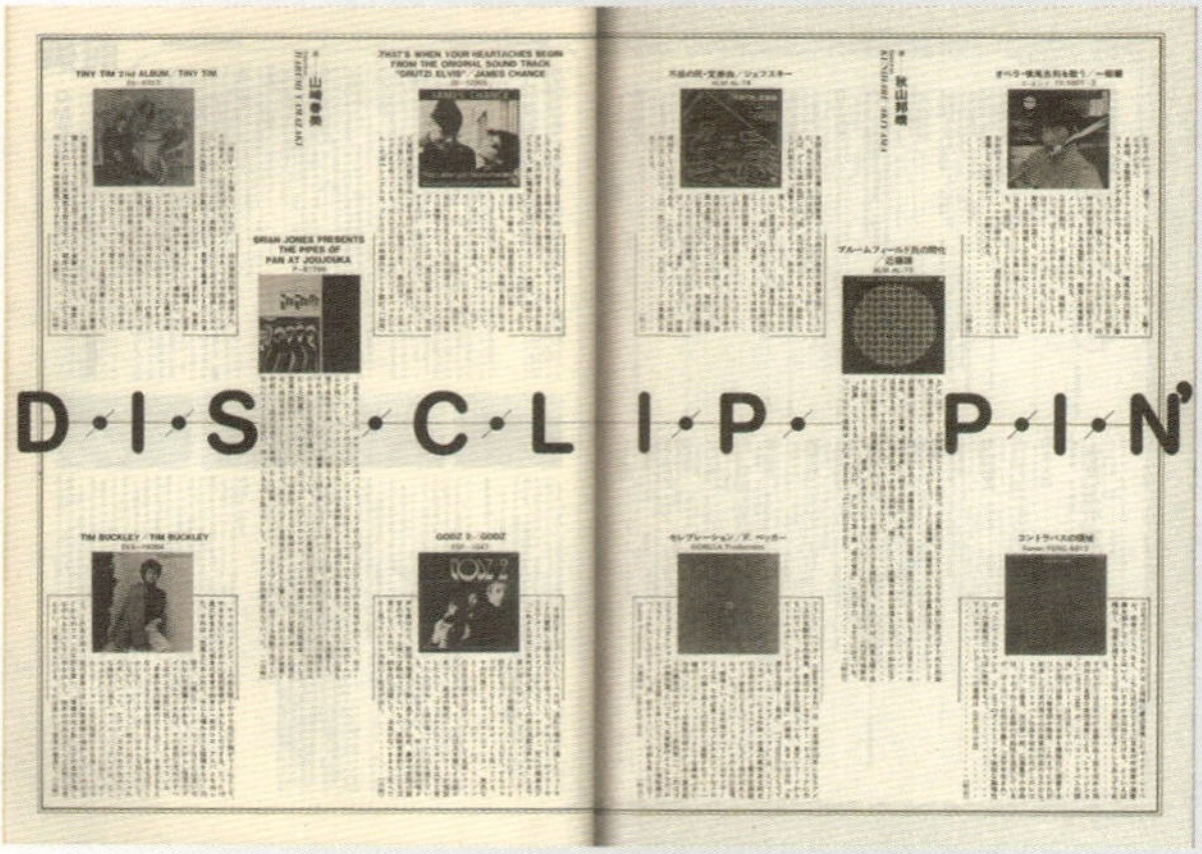

▲山崎春美「ディスクリッピン」『遊一〇〇九号 世界模型＋亜時間』一九七九年一〇月刊より。対向ページは秋山邦晴

大したことは書いていない。ただ工作舎への日参と同時に、ぼくは既に始まっていた「自販機専門のポルノ誌」を装った（サブカルなんて言葉はあと十年は待たないと登場しない）対抗文化（カウンターカルチャー）誌『Jam』の編集もやっていた。

　それはそうとこの遊塾生＋無給奉仕組のなかに中島渉という男がいた。眉毛がおそろしく太くて過度に感傷的（今ならメンヘラそのものか）なので当時はとても、とっても苦手だった。なにもぼくにかぎらない、皆が敬遠していて……あまり友だちがいなかった……というか、もっとはっきり言えば当時の工作舎は広告代理店としての稼ぎで雑誌『遊』をはじめとする出版事業を補っていたわけで、デザイナー、カメラマンそしてコピーライターという、この当時、花形扱いされたF（フロント）チームで持っていて、ぼくは抜擢されて？　R（リア＝編集や翻訳）にいたけど企画によってはFからお声もかかった。かくして数人の例外を除いて残りほぼ全員がG（ゲリラ＝営業）に回った。とはいえ昭和五十年代前半がどんなに旧弊な社会だったか。見るからに彼は、強い権力の威を借りたがるわりには女々しい奴だった。実際には彼はぼくと同じ二十歳そこそこで、この（実は）超エリート集団だった（本書はそのエリートの一人だった日高達雄氏のデザインになる）中では相当に若く、また海のものとも山のものともつかない未分化な齢だった。

それはともかく、彼は先の『Jam』にも書かせてほしいと言ってきて、レイアウトも自分でやった。積極的に売り込んできては小遣い稼ぎしてた後藤繁雄ともども、ぼくはこの件をぼくより四つか年上の編集長（高杉弾）には通さず（会わさず）に処理した。後藤はその後、荒俣宏やチェッカーズなどを売り出して大成功を収め、その後の彼の展開への布石にもしたわけだけれど、中島の場合はその一度っきりで満足したみたいだ。

七九年一二月に出た『Jam』八号の「廃盤カタログ」というページで彼が選んだ五枚のレコードは、まずミック・ロンソンのソロ一枚目『十番街の殺人』（スパイダーズ・フロム・マーズのリード・ギタリストであった彼なくしてデヴィッド・ボウイの成功はない）、阿部薫『なしくずしの死』、ヴェルヴェット・アンダーグラウンドの一枚目で鮮烈なデビューを飾ったニコの『デザートショア』（おお！砂漠！）、そしてぼくが教えたのかなとも思える（今ならクラウト・ロックと呼ばれる）ジャーマン・ロックの雄アモン・デュール（くれぐれもアモン・デュールIIではないのが肝。カンを筆頭にグルグル、クラフトワーク、ノイ！　タンジェリン・ドリーム等々がいま思えば綺羅星の如く、どころではないのだが、この時分の日本ではただ単に（第二次世界大戦の）連合国から敗戦国たる枢軸国（日独伊）に下知される情報を有り難く押し戴く体制から進歩していなかった。これらのいまとなっては王道である彼らが真の評価を勝ち取るのにはこの後まだ十年、昭和が終わるのを待たねばならない）、そして『ジャジューカ』である。この一枚だけがぼくと重なっていて、はたしてどんなつもりだったのか、真意を確かめる術ももはやない。というのもこの遊塾に参加した八〇名ほどのうち、確認されているただ一人の物故者だからである。

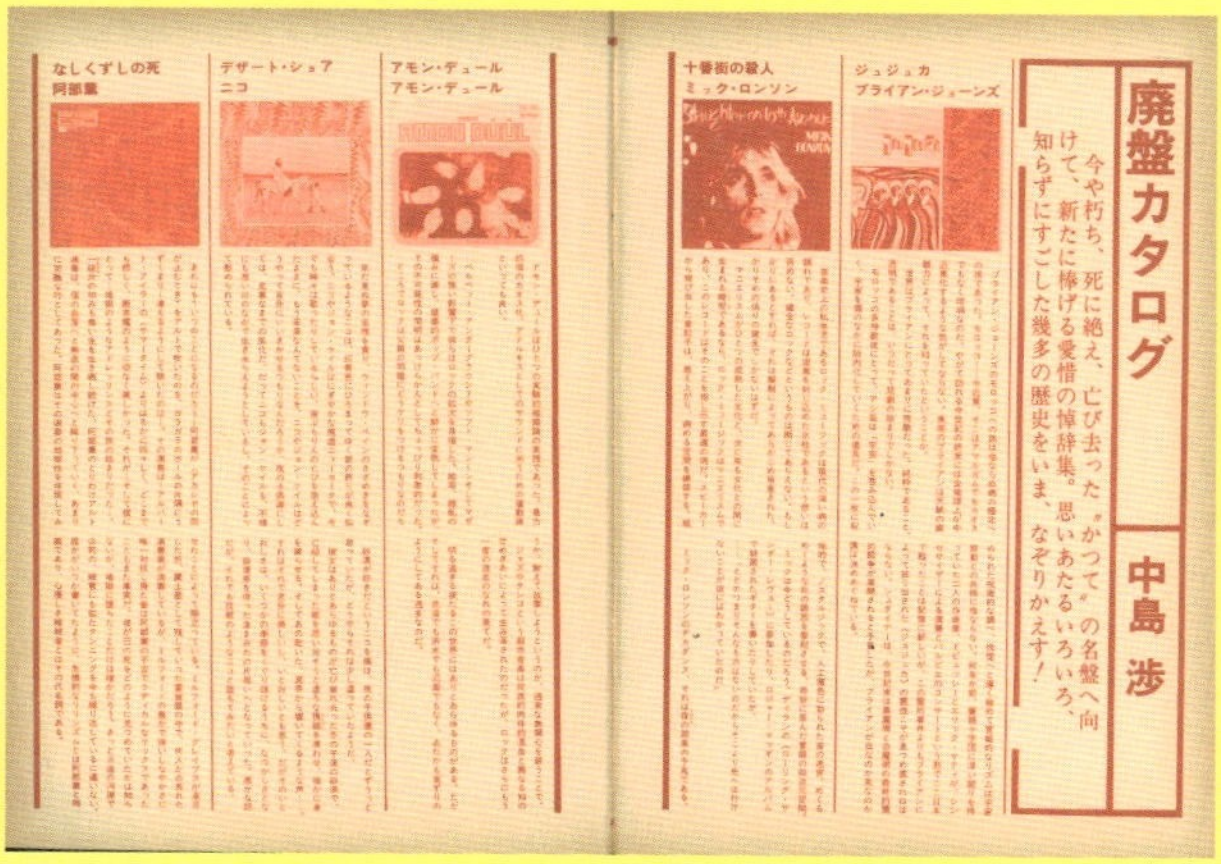

▶中島渉「廃盤カタログ」『Jam』八号 一九七九年一二月刊より

彼の文にはこうある。〝ブライアンにとってモロッコへの旅は他ならぬ病の極北への旅であった〟おいおい地図を見直せ、と言うのは控える。続けて〝中近東、そこはアマルガムでもカオスでもなく坩堝なのだ〟？　さらに〝今世紀末には全地球上が中近東化する〟〝魚座で透明な純粋を持つ彼は天賦の直観力でそれを知り得た〟として、ドビュッシーとサティの復活という〝霊的事件〟よりも〝ジャジューカの霊性こそが〟見直されるべきで、最後は〝黒魔術と白魔術の最終的霊的闘争が展開される〟とのシュタイナーの予言を引いて「ブライアンが白なのか黒なのかぼくは決めあぐねている」。

この見開きに続いて芹犬類なる名前で「蓄音盤あるいは虚無の贈り物」「演奏あるいは黒い聖儀礼」との二行が左右頁の各柱に見出しで並ぶ見開きがあって、「虚無」には「ネアン」とルビが振られている。アフォリズムというのか片言隻語や片言隻句というのか、たとえば「狂うこととといったいどれほどの違うというのか」だの「NOW HERE = NOWHERE〈いま、ここに〉ということはとりも直さず〈もうすでにどこでもない〉ということの裏表である」だのが二十数行ばかり並んで、「存在とは否定である—海童道祖老子」「滅することは凶暴な愛である——間章」出た！　おそらく中島は遊塾に入る前後に間章を知ったのだろう（か）。それにしてもぼくを介して知った灰野敬二が、この黒魔術・白魔術を普段から口にしていたことも知っていたのか。病死らしい彼について触れるのはまたの機会にしよう。

▼▼▼一九九四年三月……▼

〝それは、いってみればストーンズ内部における黒魔術と白魔術との闘いである。黒魔術は力と形態、儀法を重要なものとするひとつの遠心力的な志向であり、白魔術は方法と本質、理法を重要なものとするひとつの求心的な志向を表わす。この二つのものには優劣はない。ただ目指すものの違いと、手段と方法の違いがあるだけなのだ。しかしいつも現実的なレヴェルでは、白魔術は黒魔術に敗退する。ナチスというオカルト集団がまず一番近しい人智学のルドルフ・シュタイナーたちを滅ぼすことによって、唯一性としての権力を得ようとし、その闘いに勝ったようにして黒魔術的なものとしてのミックの権力は白魔術的なものとしてのブライアンの志向を打ち砕いた。そしていつも覚めていたのはブライアンの方だった〝（同前）

そういや、まだあった、まつわりが。『Jam』に本邦初として美沢真之介がポール・ボウルズの短編を訳して載せていて、それがボウルズの

◀大里俊晴「極地でお茶を」『ユリイカ』一九九四年三月ポール・ボウルズ特集号より

日本語訳が初なんだと思いこんでいたぼくは、古本屋でふと『極地の空』を見つけて、その『Jam』の後継誌である『HEAVEN』の八号に「なんや、翻訳本あったんや」と書いたりもした。後述する大里も、それをしっかり入手したんだろう。いずれにしてもたぶんに情緒的、感傷的でかなりに文学的で、印象の羅列を形容や修飾やレトリックやで包んで語る、というより、自らにうたうようなエッセイが当時、氾濫していたのだ。

わたしがヤっていた〝ガセネタ〟というバンドは入れ替わるドラムを除くとメンバーは三人で、内の一人、大里俊晴（いまや故人だが）とは、八〇年代の、それこそ昭和時代を最後に交流は途絶え、彼はパリの第八大学院に留学中に、人を介して日本でセミ・ドキュメント風小説を出版、対抗的にぼくの側もCDを出したりして互いに牽制、物議を醸したこともあったが（この間の経緯は『ガセネタの荒野』月曜社を参照されたし）、いずれにしても直接のやりとりもないまま〇九年に亡くなった（享年五一）。

彼が九四年三月に『ユリイカ』のポール・ボウルズ特集号に寄稿した「極地でお茶を〜ポール・ボウルズと音楽を巡るディヴェルティメン

ト」は、この特集中「作曲家・ボウルズ」について触れている唯一の稿である。この題は『極地の空』からインスパイアされたロック音楽のキング・クリムゾンとポリスの曲についてボウルズが、クリムゾンのインスト曲は「興味深いね」と言ったあと、「でも、ポリスの『サハラでお茶を』の歌の歌詞は変だな。サハラでお茶を……キミと一緒に！（笑）馬鹿げてるよ！ちがうか？」と大笑いしたくだりから。「ディヴェルティメント」とは「嬉遊曲」のことである。

レジェの実験映画『バレー・メカニック』に飛行機のプロペラまでも楽器とした未来派的音楽を付けてセンセーションを巻き起こしたジョージ・アンタイルについて《…「リズムの探求」のためアフリカのジャングルに姿を消してしまいました。そして彼は音楽が「唯の棒切れ」に過ぎない場所を発見しました》なる記述で紹介されていることから書き起こしてボウルズがベルトリッチ監督映画『シェルタリング・スカイ』のサウンドトラック担当のリチャード・ホロヴィッツがマグレブ地方の各々の音楽の違いを理解していないと嘆いているとして、いろんなマグレブ地方の、踊りを必ず伴うなどの特徴や、スーフィズム、即ちイスラム系神秘主義集団が十幾つもあると、ボウルズが語っていることを紹介してから、「ところでモロッコの民族音楽というと、まず誰もが、ジャジューカの名前を筆頭に挙げることでしょう」とある。この断定にどのくらいの信憑性があるのかはひとまず措くとして、このすぐあとで、ジャジューカ（の村もそれを知る人も）まだ開放的でなくしたがって情報も乏しかった当時を考えると、この時点で次の疑問を投げているのはまるで理に適っている。

古典芸術音楽ではないことは確かだとしたうえで、「グナワ」や「ジララ」は宗教団体名であって地名ではないのに、どうやら「ジャジューカ」は地名らしきことを挙げ、これは①ベルベル人の民族音楽なのか、それとも②スーフィズムなのかわからない、と問いかけるのだ。ボウルズはスーフィーを説明する際に幾つか名前を挙げたが、その中にジャジューカは入っていなかった、然るにレコードの解説には宗教団体との記述があった、とはいえ民族と宗教はそもそもジャンルが違うのだから、重複することもあり得るが、と。さらに映画『シェルタリング・スカイ』の劇中音楽にジャジューカがあったかどうかを確認する（LDを見て、一四インチ画面ではエンドクレジットが判読不可能だった、とある）。もちろん実際のクレジットにはしっかり入っていて、主人公ポートが高熱を出すシーンに使用されている。

▼▼▼一九八九年八月……▼

それはそうとローリング・ストーンズは一九九〇年に、再結成のようにして遂に初来日も果たすが、前年八九年に出た久々の新作アルバム『スティール・ホイールズ』には、まったく皮肉極まりないことに、ブライアンの死後二〇年を隔てての「コンチネンタル・ドリフト」なるジャジューカとの共演曲があり、すべてを逆証明してしまった。およそ、あそこまで聴く者を（結果的に）愚弄したナンバーも珍しかろう。ユーチューブで御覧になった方もおられようが、実にくだらない。ストーンズの作ったリズムに現地のモロッカンがモロッコ楽器を持ち込んで合わせていて、ボーヤみたいにはしゃぐバシールが三人（ミック、キース、ロン）の荷物持ちを嬉々としてやっている。

▼▼▼再び一九九四年三月……▼

さて一方で九四年の大里は、なんといってるか。ストーンズなんか知らぬ存じぬを標榜する彼だがなんてこった！　歌詞が「抽象的で清冽」かどうかは個人の趣味だけど、あまりにもロックの歌詞のあり方と流行、さらに英語のリズムや韻律、擽りやウィット、諧謔について無知というより杜撰な賞賛で（無恥じゃなく。この稿の中で彼はたびたび出鱈目を平気でモノすヒョーロン家たちを罵倒し、無知であっても無恥にはなりたくない、と書いているのでそこに甘えて）、それにブライアンへのオマージュなのは明白だけど、ロック音楽のありきたりな「カデンツ進行ではなく二つのマイナーコードの交代だけで、主音に解決しない民族音楽調を出して」「なぜかケチャを思わせる部分」があったりで「シンプルながらかなり凝って」いてこのアルバム中「出色の出来」だと！　耳掃除してるか！　なんて欠席裁判で難癖つけるのは止すけど、大里自身、これは共演などではなくストーンズ音楽にジャジューカの味付けを施しただけだ、と認めてはいる。

そんな批評よりも、現地モロッカンたちと共演するストーンズをBBCが撮ろうとしていたら、機材到着が税関でストップされて危うくダメになりかけたのを、ボウルズが旧知の皇太子ララ・ファティマゾーラに電話してくれて回避した、しかもそのボウルズに言わせるとストーンズの演奏は散々だったなんて、同じ稿に書かれてるエピソードのほうが面白いのにね。ただし大里の記述意図はむしろ、ジャズ音楽のオーネット・コールマンの「『土着に帰れ』運動」でのアプローチでは、往々にして各々の音楽を重ねただけになってしまうのに比べて、バシールとエリオット・シャープとの共演アルバムを絶賛し、ロックやポップスからのアプローチの方が良い、との持論にあるようで、でもなぁ、エリオット・シャープの功績ちゃうん……それって。まぁ、つまりバシールに自由に演奏をさせ、後からスタジオで効果的な処理操作を加えている、というのだ。うん、まぁそやろな。そもそも大里は、村での伝統的な音楽とバシールが対立してるなんて、知らん、というよりまだ深刻じゃないしね。

▼▼▼二〇一七年九月……▼

とはいえ、いったいどこの誰が彼、バシールを責められよう。現代世界にあって幸福を追求する権利を奪われなければならない道理はない。二〇一七年のジャジューカ・フェスにいらしたアツコ・バルーさんにバシールの話をして「でもね、彼の年齢とか考えるともはや引き返せないんだと思う」と言うと、深く頷いておられたのが印象的だった。

さて大里の論考もさすがに最後は美しい締め方で、ボウルズが、日課の散歩をしていると一九二〇年頃のポピュラー・ソングが頭の中でいつも鳴っているという話から引いて、結局はモロッコの人々をマスとしては愛せるが、個人として愛することはきわめて難しい、と言うボウルズが、古いポピュラー音楽がいつのまにか、その作曲者の唯名性を失うようにして、民族音楽もあるはずだけれども、最後には唯名性を失えないという認識があったのだろうという結論で終わっている。

日本でのジュジューカは、『ブライアン・ジョーンズ・プレゼンツ～』日本盤LPが発売された七九年、さっきも触れた『スティール・ホイールズ』ツアーでのストーンズ初来日が実現した九〇年、ベルトリッチの『シェルタリング・スカイ』が公開された九一年、『ブライアン・ジョーンズ・プレゼンツ～』がCD化された九五年、そしてその十年後の、ブライアンは殺されたとする映画『ブライアン・ジョーンズ ストーンズから消えた男』が公開された〇六年を経て、現地楽団の初来日を控えたいま二〇一七年、と節目に話題を供してきた。（上述の日本盤CDには五年くらい前だったかぼくに名物企画の「目隠しプレイ」をヤってくれた松山晋也くんと越谷政義氏によるライナーもあるが、共に「バシールさまの言うとおり」なため、あまり参考にはならない。特筆は避ける)。

タンジェに四年も住んで、日本人では多分初めてジャジューカに足を踏み入れレポートした小林由明氏には一度しかお会いできていないが、というよりそれすら奇遇で、先述した一九七九年発行の自販機誌『Jam』を特集した『Spectator』の発売記念トークに、いまお住まいの宮崎から(話し手の伊藤桂司との縁で)偶然いらして、更なる偶然に、その夜ヤるDJのため持ってきた(ハムリの絵が表ジャケの)『ジャジューカ』を見た小林さん自身が「懐かしい!」と歓声を挙げたのだ。

小林さんは九五年十二月『ミュージック・マガジン』、九六年八月『美術手帖』、〇六年六月『レコード・コレクターズ』と都合三度(バシールへのインタビューも含め)記事を書かれている。注目すべきは、当事者であるブライアン・ジョーンズによるコメントがいくら探しても見つからなかったとの報告である。偶然にも今年になって物故したアニタ・パレンバーグの「ブライアンはモロッコの楽器の扱いを習ってストーンズのために演奏したがったのよ」なんて意味不明なコメントがよく援用されるのも、ブライアン本人のものが一切ないからで、さすがに小林さんも、それはキースに寝返った罪悪感、ましてそのきっかけとなったのがモロッコ旅行時であることから信憑性なしとしたうえで、CD化する際に加えられた二曲のリミックスについて「誰の手になるものか知らないが、せっかくの神聖さを後でかぶせた演奏がぶち壊し! サイテー」と書いている(賛成!異議なし!)。

▶小林由明「ジャジューカひとり旅」『ミュージック・マガジン』一九九五年一二月号より

一九九五年の『ミュージック・マガジン』一二月号に小林さんが寄稿した「ジャジューカひとり旅」には、彼が九四年に意気揚々とモロッコに向かった日が記されていて、それが一二月一二日! おそらく小林さんは御存知ないだろうが間章の一六年後の命日である。ただ残念なことに、この時の訪問ではジャジューカ村へは日帰りだったようで、夜のあのガイタの強烈なループ演奏による音の洪水ではなかったと思われる。

二〇〇八年からフランク・リンが始めたジャジューカ・フェスに二〇一二年に参加した赤塚りえこさんがその魅力や参加方法について日本で紹介し続けたことで、近年のフェス参加者は五〇人中半数が日本人に、さらに今年のジャジューカ初来日、および本書発売に繋がった……ことは今更触れるまでもない。最後に(大いなる)問題点だけ、いくつか指摘しておきたい。

・世界各地に存在している民族音楽について中間搾取しにくる連中の問題。CD発売時のカネの行方。ビル・ラズウェルがなんだって?
・いうまでもなくバシールのエゴの問題。その対立で村の中がぎくしゃくしているとか。最近では、CDジャケットにも使われた洞窟は自分のモノだ、と主張しているんだとか。
・ブライアン・ジョーンズはオーバードーズなどではなく殺戮、殺害されたと思われる。
・ブライアンの『ジャジューカ』盤の版権をいま持っているのは誰でしょうか?(詳細は八四頁に!)

さて、これからどうなる?

モロッコの空気、声《ヴォイス》をキャプチャーした ポール・ボウルズの録音

渡邊未帆＝文

5年前にタンジェの旧アメリカ公使館へ行った時、初めてポール・ボウルズのモロッコ音楽録音のLPが飾ってあるのを見た。いつか聴いてみたいと思ったものの全くの入手困難だったが、遂に2016年我々はCDでそれを聴くことができるようになった！ Dust- to-Digitalレーベルからリリースされた4枚組は美しい箱に入っていて、厚手のブックレットも付いている。

ボウルズはロックフェラー財団から資金を得て、1959年、モロッコ各地の音楽を録音する旅に出かけた。この頃にボウルズはオープンリールのテープレコーダー（Ampex社製、Wollensak社製）を手に入れていた。1956年にはそれらをモロッコでも購入できるようになり、ヤクービーの話す幻想的な物語を翻訳するために使っていたのだ。彼は、カナダ人クリストファー・ウォンクリン、モロッコ人のムハンマド・ラルビと3人で、タンジェを起点に4回、モロッコ南西部、モロッコ北部、アトラス山脈、サハラ沙漠の手前の地域と、それぞれ5週間ほど、全部で半年をかけて回り、250曲以上を録音した。1934年からアメリカ大使館に働きかけて、4半世紀を経てようやく得た資金だったというのに実際の録音期間に急を要したのは、当時モロッコはフランスの植民地から王国として独立した直後で混乱しており、モロッコ政府から協力を得られるどころか、すぐに計画を中止するように通告されたからのようだ。その後この録音はしばらくお蔵入りになって、LPとしてアメリカ国会図書館のアーカイヴからリリースされたのは録音から13年経った1972年のことだった。

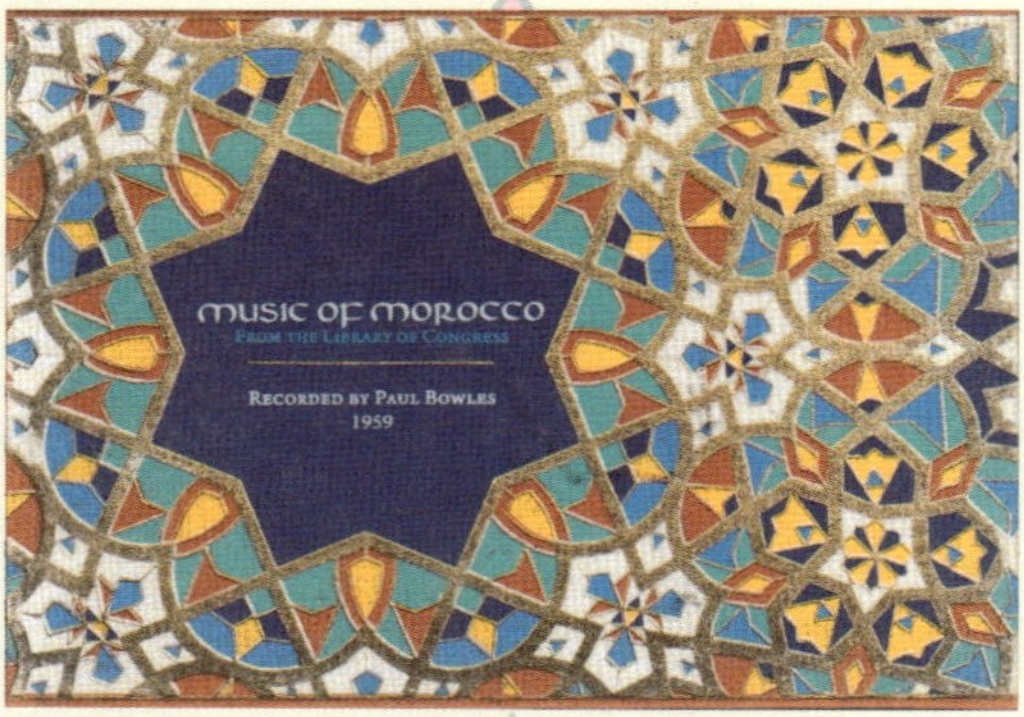

▲ボウルズ録音『Music of Morocco』CD4枚組BOX

ところで、ここにジャジューカの録音は収められていない。ボウルズの意図的なことだったのだろうか？　ボウルズは1950年にハムリと出会い、そもそもガイシンをタンジェに呼んだのはボウルズなのだから、ジャジューカを知らないはずはない。むしろ1954年からの四年間はタンジェの〈千夜一夜レストラン〉で毎晩のようにジャジューカの演奏を聴けたのだから、彼にとってもはや新鮮なものではなかったということはあるかもしれない。また、録音旅行に出た頃には、ガイシンは〈千夜一夜レストラン〉を畳んでパリへ移住しているし、ハムリとは50年代初期にある出来事で仲違いを起こしているという記述（『地の果ての夢タンジール』）もあり、ボウルズにとってジャジューカは録音対象とするにはあまりに身近だったのか、あるいはジャジューカについてはガイシンとハムリに任せようということだったのか……？（1980年代後半以降、ジャジューカのバシール・アッタールはボウルズと懇意にしていたようだが、ここではこれ以上踏み込むのはやめておこう）

ボウルズは1931年に初めてモロッコを訪問し、47年にタンジェを永住の地と決めたが、「『郷に入れば郷に従え』というのはばかげたことだ」「最上の喜びは異人種の中で外国人であること」（『千夜一夜物語』より引用）と自分とモロッコの関係性を語る。実際には彼周辺の人間関係は大変複雑だったようだし、作家としては登場人物の狂気と精神状態を緻密に描いた一方で、物語翻訳家として、フィールド録音家としては他者として対象に向き合うスタンスを貫いている。ジャジューカの音楽をカットアップの素材に使ったバロウズやガイシンの前衛的なやり方とも違う。作家としても作曲家としてもボウルズは徹底してモダニストであった。

ボウルズは文字による「文学」を持たない、あるいは拒んだ文盲のモロッコの人々の、話し言葉と音楽が紡ぎ出すモロッコの深層心理的な神話と歴史を捉えようとした。ボウルズはモロッコの音楽について音楽語法よりもその空気感やサウンドを、モロッコの物語については意味を超えたモロッコの「声《ヴォイス》」をキャプチャーしようとしたのではないだろうか。この録音集にはモロッコ各地の様々なスタイルの音楽が収められているが、すべてを聴き通すと諸地域の固有性よりも、むしろ総体としての「モロッコ的なるもの」が浮かび上がってくるかのようだ。

زهجوكة

第2章 村の伝説

ジャジューカ村の信仰と伝説

渡邊未帆＝文 kucci、渡邊未帆＝写真

ジャジューカ村では古代の牧神信仰、スーフィズム、そして国教としてのイスラーム教が溶け合い、生活の中に息づいている。ここでは村の神聖な場所－洞窟、聖者廟、モスク――を紹介しよう。

半人半獣の“ブージュルード”……

ジャジューカ村では、「ブージュルード Boujeloud بو جلود」と呼ばれる半人半獣が祀られている。頭に麦藁帽子、全身に山羊の毛皮をかぶった男。この毛皮はかつての祭りで屠られた山羊のものだ。ジャジューカ・フェスでは、夜の演奏の真っ最中に突如登場し、彼は演奏しているマスターたちや、観客、村の子供や女性たちの間を機敏に走り回って、両手に持ったオリーヴの枝を振りかざし脅かしてまわる。ブージュルードとは、アラビア語でアブأب＝父、ジュルードجلد＝皮という意味から来ている。「毛皮の主」、あるいは「毛皮をかぶったおじさん」というようなニュアンスだろうか。

ジャジューカ村のブージュルードについて、しばしばギリシャ神話に登場するパン（牧神）が引き合いに出されてきた。ブライアン・ジョーンズのアルバムのタイトルも「The Pipes of Pan at Joujouka」とつけられているが、パンはマラルメの詩やドビュッシーのバレエのようにヨーロッパの芸術家の作品の題材にされてきた。ギリシャ神話に登場するパンは、山羊の角と足を持つヘルメスの息子で、ディオニソスのお気に入りの豊穣の神であり、葦の笛シュリンクスを吹きながら羊の群れを見守って、洞窟に出没する。パンは低きは海底から高きは山頂まで自在に行き来できると考えられて、「全て」を意味する接頭語pan（汎）の語源とも言われている。「パニック」という言葉は、家畜の群れが前触れもなしに突然騒ぎ出す現象について、家畜を揺り動かす見えない存在がパンと関係していると考

▶洞窟の脇に造られた大きな井戸

えて「パンに関するもの＝パニックpanic」というようになったとか。ジャジューカ村では、このパンが時間、空間、宗教を超えて、伝説の中に収まらず、現在も儀式の中で息づいている。

一九二六年にフィンランドの人類学者エドワード・ウェスターマークによって書かれた著書『モロッコの儀式と信仰 Ritual and Belief in Morocco』には一九〇〇年四月にララーシュ地方のサヘル（ジャジューカ村の北東四〇キロほど）で、山羊の皮を被ったブージュルードの儀式を見たという記録がある。ここで行われていた踊りは、憑依した若い女性と、ブージュルードに扮した老人男性の対決で、子供たちもブージュルードをからかい、ブージュルードを山へ追い返すことに成功するというものだったとか。ジェバル・ハビーブ地方のファリクという村（ジャジューカ村から北へ五〇キロほど）にもブージュルードと、狂女アイーシャ・カンディーシャ（またはアイーシャ・ホモルカと呼ばれることもある）の儀式が行われているとの記録がある。このように山羊の皮をかぶったブージュルード信仰そのものはジャジューカ村だけではなく、北モロッコの各地方でさまざまな形で行われてきた。聖なる生贄、豊穣の神、そして人間は、太古より憑依によって一体となると考えられてきたのである。

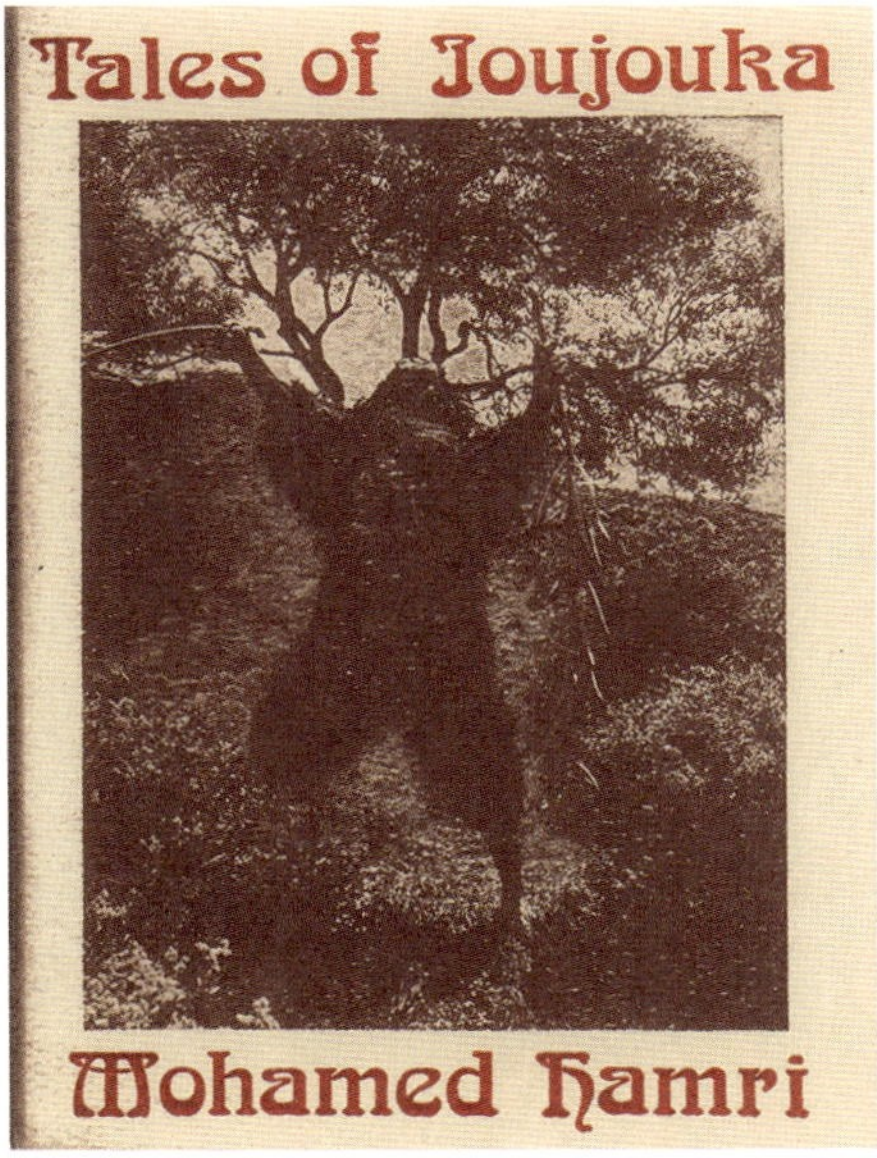

▲モハメド・ハムリ著『ジャジューカの伝説』(Mohamed Hamri〝Tales of Joujouka〟, Capra Press, 1975)

伝説の洞窟へ

このブージュルードが住処としていたと伝えられている洞窟がジャジューカ村に実在する。マガーラ مغارة と呼ばれ、村の中心から北上して歩くこと30分ほど。途中に羊を放牧する少年や畑仕事をするおじさんを横目に見つつ、見渡す限り草木ばかりの道無き道をかき分けて行くと、突如大きな岩の塊が現れる。フェスの間に、ブージュルード役のハトゥミと、ハトゥミの息子ナディール、そして興味本位で追いかけてくる子供たちが案内してくれる。頭上高くにまでそびえる大きな岩にはぽっかりと穴が空いていて、慣れていない大人には少し度胸が必要というくらいの高さまで登ると（村の子供たちはサンダルでスイスイと登っていく）その空洞の中に入ることができる。洞窟から見下ろすリフ山脈一帯は絶景、洞窟の中から村を見下ろしながら、ブージュルードのハトゥミさんがゆっくりとパイプに火をつけて吹かし出す。ああ、ここがジャジューカの中のジャジューカなのだ！

ジャジューカの伝説

ここでジャジューカ村のこの洞窟の伝説を紹介したい。以下は、ハムリによる『テールズ・オブ・ジャジューカ』からの要約である。

＊

ある日、山羊飼いのアッタールは山羊の群れを追って、ジャジューカ村の奥地にある禁断の洞窟に辿り着いた。あまりに美しい水たまり、麗しい緑に魅せられて、洞窟の中で彼はふと、うたた寝してしまう。そして夢の中でこの世のものとは思えないほど美しい音楽を聴いた。それからというもの村の人たちには内緒で何度も洞窟へ足を運ぶうちに、彼の表情は日に日に明るさを増し、山羊たちも元気になっていった。そんなある日、いつものように洞窟で眠っていると、突然、凄まじい生き物と対面した。恐ろしい半人半獣である。彼は自らをブージュルードと名乗った。ブージュルードはアッタールに魔法の笛を授けて、吹き方の秘密を教えること、その代わりに、自分の妻を見つけてくること、さらにこのことは秘密にするように約束させた。

アッタールは村へ帰るとすぐに村人たちの前で、ブージュルードから習った美しいメロディをこの笛で吹いた。感激した村の男たちはこの笛と同じものをたくさん作って、以来村で夜に一緒に吹くようになった。しかし、その音色が洞窟まで届いた時に、ブージュルードは、村人たちに笛のことを口外し、また妻を探す約束も果たさないアッタールに怒りを爆発させて、猛威を振って村を襲ってきた。アッタールが機転を利かせてブージュルードに「あの笛の演奏はあなたの結婚の前祝いなのだ」と言ってなだめると、ブージュルードはアッタールを信じて一旦はその場を去った。

次の夜、期待を胸に膨らませてブージュルードは村に再び現れ、もっと激しい音楽を演奏するようにけしかけて踊り狂った。アッタールはブージュルードの妻として、村の狂女アイーシャ・カンディーシャを差し出したが、ブージュルードはその逃げ出したアイーシャにも気づかずに踊りに満足して洞窟へ戻っていった。その後、ジャジューカ村の土地は肥沃になり、動物もよく育ち、そして女性も強い子供をたくさん産むようになったので、毎年村人たちはブージュルード村に誘い出し、ブージュルードのための演奏をするようになった。

ところがある時、ブージュルードは姿を消してしまった。それと時を同じくしてアイーシャもいなくなった。アッタールは自

▶洞窟の中からリフ山脈の麓を一望する
◀ブージュルードの洞窟。ここで音楽の秘密が伝授された

分の山羊の群れを連れて、ブージュルードを探す旅に出ると、ブージュルードが見つかるまで村に帰らないと決心して自分の山羊を一匹ずつ殺して食べた。このままブージュルードなしではジャジューカ村が大変なことになると考えた彼は、最後の四匹の山羊の皮を剝いで、その皮で体を包んで村に戻った。ブージュルードが帰って来たと信じた村人たちは彼のために演奏して踊った。アイーシャがもうこの村にいないことを隠すために、女たちは少年に女性の着物を着せて、彼のために踊らせた。その日から彼は、アッタールではなく、ブージュルードとして洞窟に戻り、ブージュルードの生活をするようになった。死ぬ前にアッタールは一人の若者に自分の変装の秘密について告げた。こうしてジャジューカ村のこの伝説が語り継がれていくこととなった。

*

この伝説は村彼らの音楽と密接に結びついている。フェスティバルで夜に演奏されるのが、この神話に基づいた「ブージュルードの音楽」なのだ。

スーフィーの聖人シディ・アハメド・シェイク

さて、このようにジャジューカには、ブージュルードとその洞窟を祀る民間信仰が古代から伝えられているが、スーフィーの信仰も同居している。リフ山脈には15世紀にペルシャやスペインから様々なスーフィーの聖人がやってきた。青々とした丘、豊かな水源のあるこの地にたどり着いたうちのひとりが聖人シディ・アハメド・シェイクسيدي أحمد شيخである。イスラームにおける聖人、聖者とは、「理想的人格を具現し、超越的真実在に起因する特別な力によって、人々に恩恵を与えると信じられる人物」(『岩波イスラーム辞典』より)である。スーフィズムは「イスラーム神秘主義」と訳されるが、スーフィーという言葉は、スーフصوف＝羊毛から来ていて、粗末な着物を着て苦行の道に携わっている人という意味合いがあったそうだ。預言者ムハンマドの血筋を引く人に聖者を限ろうとしたシーア派とは違って、スーフィズムにおいては血筋に寄らない人にも聖人となる門戸が開かれていたという。ちなみにシディسيديは、「私の主人」という意味のサイーディという言葉の転訛だ。聖人の墓や遺体や遺品には、聖人の霊力、神に祝福された超人的な力「バラカبركة」が宿ると信じられている。

ハムリの「テールズ・オブ・ジャジューカ」によると、ジャジューカ村にたどり着いた聖人シディ・アハメド・シェイクはライオンを連れた農耕民であり、狂人を治癒する力を持った人物で、また、詩人であり、哲学者であり、音楽と科学の素養も持っていた。聖人はこの地で、これまで聴いたことのないような力強い音楽を聴いて感激した。本来、イスラームにとって歌舞音曲は俗的で善とされない傾向にあるが、聖人はこの音楽こそ「バラカ」を持つ神聖な音楽として祝福して、アッラーの恩恵とともに、

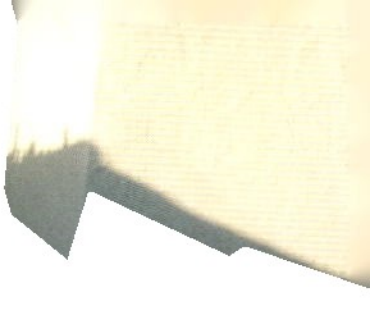

病んだ精神、狂った心を治癒するとのお墨付きを与えたのだった。

ジャジューカ村の中心部に聖人シディ・アハメド・シェイクを祀る聖者廟がある。聖者廟には門番がいて、中庭には大きなイチジクの木がある。イチジクの木の下には大きな鎖がつけられている。アハメドの説明によると、体の痛いところや悪いところにこの鎖で触ると「バラカ」の力で快方に向かうと信じられているそうだ。

靴を脱いで建物に入ると、中には綺麗な布が被された大きな箱のようなものが置かれている。聖人の棺である。棺の脇には漬物石くらいの石が置いてある。ガイタ奏者のアリーはまるで日課のごとくお祈りをしてから石で体を摩っていた。ここは、この土地の「バラカ」の源泉のような場所である。お賽銭箱が置いてあり、訪れた外国人がそれぞれの「お気持ち」を投入していく。

この部屋の隣には、今は使われていない古いモスクが建っている。モスクには真ん中にただ一本の太い柱が立っていて、この柱の周りを回るという習わしになっているらしい。イスラーム教徒が最高の聖地とみなしているメッカの中心部にあるカアバ神殿（世界中のムスリムはカアバの方向に礼拝する。ムスリムが行うべき五行の1つである大巡礼の場所）には、黒石がはめ込まれていてこの石に触れることができれば大変な幸運がもたらされると信じられている。大巡礼の時に、この黒石の地点から左回りで七回反時計回りに周回する儀式をタワーフという。この柱を周回するということ、棺の下に置かれた石が恩恵を与えるということから、ここはジャジューカ村でのイスラーム性を色濃く象徴する場所である。

▶かつては壁にも鎖がついていたらしい。ここで狂人（クレイジー・マインドの人）の治癒を行っていたそう
▲聖者廟には二つのドアが。手前が棺のある部屋。奥がモスク
▼イチジクの木についた鎖を腰に巻くアハメド・エル・アッタールさん。こうすると内臓の病気がよくなるという
◀聖者の棺と、石で体を摩るガイタ奏者のアリーさん

三つのモスク

聖者廟に併設されたモスクは現在使われておらず、村の人たちは比較的新しく見える大きなモスクを日常的に使っている。村へ続く坂へ登って行くときに、村で最も高い建造物としてまず一際目につくのがこのモスクだ。時たま「アッラーフ・アクバル」と、アザーンの声も聴こえてくる。モロッコ王国は一九六一年にイスラーム教が正式に国教となり、そのほとんどがスンニ派に属している。この大きなモスクもモロッコ国内のほとんどのモスクと同じスンニ派のモスクだそうだ。ジャジューカ村の小学校ではイスラームの教育が行われている。村の小学校のモハメド先生にこのモスクが何年前に出来たか、帰国してからメールで尋ねると、しばらくしてからこのような返事があった。「村中の老人に聞いてまわったのですが、このモスクが出来たのがいつかは覚えている人はひとりもいませんでした。というのも、このモスクは村にイスラームが入ってきた時代と結びついているからです。村で最も古いモスクは、村の南の方にあって、今も使っています。来年案内しましょう。村で二番目に古いモスクが、あなたも知っている村の中心の大きなモスク。これは何度もリノベーションされていて、10年前に拡張工事と屋根の交換が行われました。三番目がモスクが聖者廟の隣のモスクで、かつては訪問者のためのモスクでしたが、現在は使われていません」ということだ。新しく見えたのはリノベーションのためで、この場所にはいつからなのかわからないほど昔からモスクが建てられていたという。文字の記録もなく今や誰もわからないようだ。それにしても聖者廟の隣のモスクはかつて訪問者（部外者）のためのモスクだったというが、近年も非イスラムである外国人のフェス参加者の観光スポット、お賽銭所として少なくともフェスのある年に一度は機能しているかのように見える。

　このようにジャジューカ村では、古代の牧神信仰、スーフィズム（イスラム神秘主義）、そして国教としてのイスラーム教が溶け合い、生活の中に息づいているのだ。

現在も村で利用されているモスク。ジャジューカ村のランドマーク。
10年前にリノベーションされたそう

呪呪《ジュジュ》——祝いか呪いか

ジャジューカの「時」は、ほら、そこにも溶け出してる
〈体験的〉意識変容ノベルティ！

山崎春美＝文

信号のない（無料の）高速道路を思わせる国道二四六号線の脇、青山トンネルに入る直前の一直線に（渋谷方向へ）続く歩行者道を一列に並んで自らの順番が来るのを今か今かと待っているのは客で（なければ出演者かスタッフ）四十年以上前は〈ＳＵＢ〉その後〈発狂の夜〉と名乗っていた。旧称〈青い部屋〉現〈ラストワルツ〉とは場所が別である。

　客入れ時間はまちまちで「薄暮」としか告知されない。異様なほど薄暗く、貴重品以外は既に六本木なりのロッカーに預けておかなければすべて、番号札と交換にクローク？まぁ始終水浸しの地下倉庫に放り込まれる。店内に繰り返し流れているのは佐良直美の「世界は二人のために」が入ったリサイタル記念盤であることが多く、繰り返しあまりにも繰り返し流されているためたった一度しか訪れていないのに虜となった者も多い。

螺旋階段で二階部分から地下まで数フロアが吹き抜けになっている。客電がまだ明るいままなのは申すまでもないが開始時刻もかなりに適当で、不思議なのは、さして広いとも思えないどこにも楽屋らしき部屋がないことで、だというのにどこからともなく出現し、喝采を浴びた後、時には贈られた（嵩ばるばっかりだろう）花束や一升瓶やケーキ菓子を持たずに、それどころか着替えて！アンコールをこなすとはどういうことだろう。

「クラウドにプールしてあるから平気よ」と言った女の子は、とはいえ十代にも、もうすぐアディオス！だったけど、あとはクローンが、二重扉が、双子説。

音楽もやむ。ほどなく暗転。

　しばらくして幕が上がり、中央にボクシングやプロレス等の地方興業でよく見るマットトレスのリング場。但し四囲を取り囲むロープがなく、四方とものリングのスカ

ートみたいな幕をゆっくり、ゆっくりと、のろのろした如何にも気が進まないといった振る舞いで外しては運び去る。

客電も、今度はフェイド・アウトしてやがて、再び暗転。

舞台上は今度は、そのリング場だったマットのあたりに真っ白いスポットが当たる、とマットの下は、鉄骨等の支えがすべて丸見え。

耳をつんざくほどの大音量で、ジェット戦闘機の音が近づいてはまた遠ざかるのを不定期だが、執拗に繰り返させる。ただ上空、真上を飛んでいるときだけは一切会話が不能になる。

下手より満場の拍手を浴びて、縞模様のジェラバを着こんだ、くいだおれ人形が出てきては、黒子衣装でその人形を操る人形遣いの腹話術師との遣り取りがはじまる。

「疑わしいねんな、どないしたかて信用ならんちゅうこっちゃ、理由ゆうたかて、取り立ててはあらへんねん、けどなぁ……」

「おい、タロウちゃん、えろう水臭ないか！　そんないきなり直観やぁゆうたかて説明するくらい気に食わん」

世界は二人のためにあるのか。これを然るに二人しかＳＵＩＣＩＤＥのあるんだろうよ。きっと。世界は二人のためにこそあるのでもよろしい。ものの言いかた、断定するもいっそのこと二人のためだけのしかなくて、二人あってほかのなにものでもないのだと。なんてことだろうか。いまさらいうまでもなかろう、もともとから世界はあったのだしまた世界は、その二人のために崩れるのだ。いつかしら呼吸が止む女の子が一人いて、その子を「愛している」無謀な一人の乱暴者の男が別にいて、そんなだからあいもきらずひっきりなくに運命が、苛酷なる仕打ちを与え止めないのだろうか。とも男はひとりでに、さらに身勝手に僻んだりもするのだ。

後二〇一一年にリメイクされる程ひとつの時代を画したS・ペキンパー監督の商業映画『STRAW DOGS（わらの犬）』は米人監督と主演（ダスティン・ホフマン）が英国を舞台に繰り広げる娯楽作だが、どこをどう見てもブライアン・ジョーンズの死はオーバードーズではなく他殺だとの見解からインスパイアされたのは間違いなかろう。おもしろいのは彼ら米英関係の逆転した感じと、後、モンティ・パイソンのからかった外国の映画監督がパゾリーニとペキンパーだったコト。

なるほど人生は劇かもしれないし時に、ひどく劇的だったりもして、いやに詩的で稀には詩そのものでもあったりもするのだがそれはまるで、みずみずしいからだのすみずみまでもにゆきわたる可能性のすべてと、そのもうひとかたでいまに潜みも、うずくまりもする不能性とでも謂うのか、或る、特に不埒なるもの、いかがわしい、だったりもな一面がある。

あら、もう？　もうそんな時間……いやだ、わたしったら。まるで気付きませんで。お忙しくてらっしゃいますのに、ほんとうにご迷惑ばっかりお掛けしてすっかり。おまけに……高級モカまでご馳走になって、いえいえご謙遜ですわ。こう見えて珈琲には煩いんですのよ。ほら寺田寅彦の有名な、珈琲か紅茶かっていつも決めかねるってエピソードのお店、わたくし知ってますの、こんどお連れしますから、内装は昔のまんまで！　いいこと思いついた！　こんど御案内致しますけど、あそこで珈琲たのまないなんて、どうかしてる……あ、クルマ呼んでいただいたんですのね。ありがとうございます。えっ！

いやいや滅相もない、バチがあたりますわ。あ、あの青いクルマですわね。とんでもございません！　それでは、わたくし、これにてお暇させていただきますわ。それでは、どうも御免あそばせ。

階段を降りていくヒールの闊歩する音が遠ざかるや、きっと裏で聞き耳を立てていたのだろう、

「センセ、先生、あの和装の方ってなんですの？　センセのいったいどんなか」

好奇心も露わに、茶器の片づけにかこつけて、聞いてきた。

「さあてね、なんだろうかね」

附記、とすべきなんだろうか。

まずアラン・クラインとは誰か。彼を知らないロックのファンなどモグリである。

先だって二〇一五年春にアップリンク浅井社長が自ら（鳴り物入りで）連れてきた、七〇年代にちょっとしたブームにまでなったA・ホドロフスキーの自伝的新作映画と、本来ならダリ、ギーガー、オーソン・ウェルズ、ピンクフロイド等々を擁してその彼が監督するはずだった『DUNE』についての映画という変則的な二本を引っ提げての合同記者会見の席で（前回一九八九年の来日時にも会ったので四半世紀ぶりの二度目になる）ぼくは、

「ビートルズを解散に追い込んだ張本人だとしてアラン・クラインは日本では評判が悪いのですが、彼との関係は

どうなっているのですか?」」と質問したのである。

話は前後するがブライアン・ジョーンズがジャガー／リチャーズとアンドリュー・オールダムによってスポイルされてオカシくなっていったことは周知のとおりだが、なんだかだ言ったところでそっからさらに、とっくにヤク漬けで話にならなかったオールダムに代わって（アメリカ人の）クラインが入り込んでいた。例の、著名なプリンス・ルパート・ローウェンスタインがジャガーから「オレたちはレコードは売れてるしライヴも満員だというのに、なんでこんなにカネがないのか」と相談を持ちかけられ、新マネージャーになるべきかどうかローウェンスタインはまず、複数人のチームを組成して、無数とも思えるほどに膨大な契約書類をすべて精査してみたところ、やっとわかったことは、儲けのほとんどのカネがすべてクラインのところに入る仕組みになっていることであった。結局のところたとえ、ローウェンスタインの人脈を用い、政治性を駆使して（その端的な話のひとつが、ある年齢以上の日本人なら誰でも憶えているだろう、例の日本公演中止の大騒ぎ、七九年には沢田研二に向かって菅原文太が「ローリング・ストーンズなんか来やせん」という名台詞を吐く長谷川和彦監督による『太陽を盗んだ男』〈ある種の時代性はよく顕している〉なる映画まで出来たが、この突然の来日が中止になる前に、ローウェンスタインは日本で英国大使の友人に打診している）もなお、八〇年代の終わり頃（これはまた、なんたる偶然?!）まで結審しなかったほどである。ジャガーがどの時点辺りからクラインを敬遠し警戒したのか。とにかく彼は（クラインを遠ざけるために）ジョン・レノンを紹介したことはまちがいない。小野洋子が安田財閥の、とりわけお嬢様であるのは周知のとおりだが（ちなみにヨーコ・オノの最初の旦那は作曲家の一柳慧）、婚約者リンダの実家たるイーストマン社との繋がりからマッカートニーがクラインと対立して、ビートルズは遂に解散する。負の連鎖が、こんな導火線からだったなんて。

さらに言い募れば八〇年代の、ミックとキースのソロ活動及びワイマン脱退という大きな節目以上に、じつのところストーンズ最大の危機が、来日一致して最高に脂の乗り切った、すなわち『ベガーズ・バンケット』、『レット・イット・ブリード』、レコード会社を移っての『スティキー・フィンガーズ』、『メインストリートのならず者』の四作の時期にあたっていることは大変に興味深い。

つまりブライアン・ジョーンズによる『ジャジューカ』のレコードはこの、最も微妙な時期に出されているわけだし、ゴダール『ワン・プラス・ワン』での異様なブライアンの姿、六九年七月の死。そこから数カ月の間に大成功したウッドストック、悪夢のオルタモント、そして『ギミー・シェルター』。ディランの交通事故。翌七〇年のよど号ハイジャック、ジョップリンの死、大阪万博、ジミヘン、三島（由紀夫）自決とA・アイラーの死体。これらの時代性を抜きにストーンズは語れないし、その約二〇年近い後の新たなる出発が『スティール・ホイールズ』である。因縁なだけには見えない。

話を二〇一五年の春に戻そう。

ぼくの質問は無視されてもおかしくはなかったはずである。ところがあにはからんや。

ご機嫌でホドロフスキーは、べらべら話し始めたのである。七〇年代初頭の『エル・トポ』『ホーリー・マウンテン』などについてジョン・レノンが資金提供したやに報道されているが、レノンのマネージャーがアラン・クラインなわけで事実、映画の冒頭《のっけ》から〈アラン・クライン・プレゼンツ～〉とまず出る。

「皆さんよくご存じのように（って、あの場にいた何人がその名さえ知っていたやら）彼はマフィアです。当時『O嬢の物語』のようなポルノ映画が流行っていて、彼は自分にそういったモノを撮れと言ってきたが自分はそんなのは撮りたくなかった。正直にイヤだと言うと彼は『そうか、わかった。だったら世界中の映画館のどこも、おまえの映画なんかかけられないようにしてやる』と言って事実、そのようになりました。（中略）その後自分はアランの息子と友だちになりました。彼が親父のところに行こうぜ、大丈夫だというので怖かったけれど、いっしょに彼のビルに行きました。最上階までのエレベータで上がる最中も心臓がドキドキして、これで自分の人生も終わりかと気が気でなかった。最上階に着いてエレベータの扉が開いた瞬間、そこにいたのは数十年ぶりの懐かしい顔であり二人して抱き合い、そしてすべてがうまくいったのです！」

会見後、浅井社長と誰か年輩の映画評論家らしき人がいて「いやぁ。あの質問は良かったね」「それにしてもあんなに喋るとは思わなかった」と浅井さんともどもお褒めにあずかったものだが、そんな自慢話はどうでもいい。

『ブライアン・ジョーンズ・プレゼンツ～ジャジューカ』の版権……っていま誰が握っているのかというと、なんと！　アラン・クラインの息子なんだと！

あんり、まぁ。

第3章

村の生活

▼▼▼モロッコ旅行者の優しい味方……▼

ジャジューカ村の食べ物あれこれ

サラーム海上＝文、写真

これまでに僕はジャジューカ・フェスティバルを三回、二〇一三年、二〇一四年、二〇一六年に訪れた。その間に村でいただいた料理についてここに記そう。

フェス期間中は世界中から集まったゲストたちが飽きないようにと、鶏や仔牛（または羊）、魚、野菜など、毎回異なった食材を用いた料理が出される。どれも文句なしに美味しい家庭料理だが、モロッコ料理、ことに田舎の家庭料理にはバリエーションが少ないため、僕が訪れた三回とも同じ料理が三日間同じ順番で出てきた（笑）。まあ基本的に村で育てられた鶏や仔牛、栽培された野菜を使った料理ばかりだから、二、三度食べても飽きることはないが、来年以降、村を再訪する際にはそろそろ違う料理を食べたいところではある（リピーターの割合が増えた二〇一七年にはついに新メニューが導入されたそうだ）。

◉一日目　最高の自家製クスクス

例年初日となる金曜日の正午すぎ、僕たちは乗合いタクシーで村に到着した。集会場でモロッコ名物のミントティーやカフェオレをいただいた後、それぞれに受け入れてくれる家に荷物を運び込む。そして、ひと休みした後に、再び集会場のテント下に戻ると、すでに午後二時すぎ。モロッコの平均的な昼食時間だ。ほどなくしてブージュルード役のモハメド・エル・ハトゥミさんをはじめ、ジャジューカのマーレム（マスター）たちが、集会場の裏にある大きな厨房のある家から、大皿に盛られた料理を運んできた。村に到着後、最初の料理は鶏肉と沢山の野菜を使ったクスクスだ。

クスクスは食材の名前であると同時にそれを使った料理の名前でもある。粗く挽いたデュラム小麦を湿らせ、小麦粉をふるってダマ状にし、ふるいにかけて大きさを揃えたもので、世界最古のパスタとも呼ばれる。それを水蒸気で蒸らしてから、長時間煮込んだ肉と野菜のスープをかけていただく。現在、クスクスはモロッコ、アルジェリア、チュニジアはもちろん、それらの国の旧宗主国だったフランスの庶民の間でも人気が高い。

クスクスは主にイスラーム教の安息日である土曜の前日、金曜に作られる。安息日前に家族が一箇所に集まり、クスクスの大きなお皿を囲み、よく洗った素手でムシャムシャと食べる。家族や共同体の料理である。

▶モハメド・エル・ハトゥミさん、マーレム自ら給仕する

マーレムたちが運んできた直径五〇センチほどの大皿にはクスクスが山盛りだ。その上に鶏肉とともに煮こまれたキャベツ、にんじん、ズッキーニ、玉ねぎがテンコ盛りで、スープはターメリックや食紅で黄色に染められている。テントの下、その大皿を囲んで自然に七〜八名の輪が出来た。それぞれにクスクスの山にスプーンを突っ込んでいただきま〜す！　野菜も鶏肉もクスクスもホロホロとして美味〜い！　村で取れた新鮮や野菜や果物、さばいたばかりの肉の料理が美味しくないわけがない。クスクスの粒の大きさ

▲モロッコのパン、ホブス。大きさをライターと比較

▲村で採れた野菜のサラダ
▶村に着いて最初に出された鶏と野菜のクスクス
▼村で採れたばかりのみずみずしいフルーツ山盛り

が不揃いなのは既製品ではなく、セモリナ粉を手で揉みほぐして蒸した自家製のクスクスのためだ。う〜ん、こんな料理を食べたかったんだ！　大抵のモロッコのレストランではスパイスや油をたっぷり用いる。そのため、外食を続けるうちに胃腸を壊してしまう旅行者が多い。シンプルで胃腸にやさしい家庭料理を見つけることはモロッコを旅する人間には最重要マターだ。モロッコ旅行で胃腸をやられてしまった人こそジャジューカ・フェスティバルへ！

メインディッシュのほかには、丸い座布団のように巨大なパン「ホブス」、そして様々な野菜を用いたサラダも毎食用意された。野菜はにんじん、ビーツ、空豆、トマト、胡瓜、玉ねぎ、オレンジ、レタスなど。トマト、胡瓜、玉ねぎ、オレンジ、レタスはもちろん生だが、にんじん、ビーツ、空豆などは柔らかく茹でてから、レモン、にんにく、パセリ、オリーブオイル、ものによってはクミンパウダーを使って味付けてあった。こうした色鮮やかな野菜料理は「モロッカン・サラダ」と呼ばれ、十数種類もそ

れぞれ小さなお皿に盛り付け、卓上にずらっと並べるのは食の都でもあるフェズの高級レストランの定番メニューになっている。

食後は、西瓜《すいか》、黄桃、杏、プルーン、葡萄など、やはり村で採れた新鮮なフルーツが大皿に山盛り！ ジャジューカの生演奏が聴きたくて訪れた音楽祭だったが、僕は音楽を聴くのと同じくらい、村の料理が楽しみになってしまった。

その晩も僕の期待を裏切らない料理が出た。サラダとパン、食後の果物は昼食と同じだが、メインディッシュは煮こんだ鶏肉とにんじんと玉ねぎの上にフライドポテトをのせたタジンである。ジンジャーパウダーと塩胡椒だけで味付けた鶏肉のタジンは日本の肉じゃがのように優しい味だった。ところで初日の昼食と夕食のために、いったい何羽の放し飼いの鶏が絞められたのだろうか？

⊙二日目 豊富すぎる朝のパン、昼は新鮮な牛肉タジン

中東料理の楽しみの一つは朝食だ。トルコ、レバノン、イスラエル、モロッコ、中東の主な国ではどこに行っても朝食のテーブルいっぱいにお皿が並ぶ。僕は日本では朝飯にはコーヒーやヨーグルトだけで十分なのに、中東では昼飯を抜いてもいいほどたっぷりの朝飯を食べてしまう。ジャジューカ村でも毎日、次の朝が待ち遠しくなるような朝食が出た。

まずはパン類。ホブスはもちろんのこと、薄いホットケーキのようなセモリナ粉のパンケーキ「バグリール」、やはりセモリナ粉のガリガリとした食感のガレット「ハルシャ」、そして、街角で折りたたんで売られているクレープ「ムスンメン」。滞在する家によっては、デーツのあんこ入りのペストリーやクッキーも並ぶ。それらに手作りのイチゴやイチジクのジャムやオレンジのマーマレード、ハチミツを塗っていただく。さらにデーツ（ナツメヤシの実）、目玉焼き、緑や黒のオリーブの実の塩漬け、新鮮なオリーブオイル、発酵バター、ピーナッツと糖蜜を和えたものもすべて村のホームメイドである。絞りたてのオレンジジュースやフルーツも忘れてはならない。これだけの種類の料理が「これでもか！」というくらいの山盛りで供されるのだ。

朝食の際の飲み物はミネラルウォーター、カフェオレ、そして、モロッコならではのミントティーが用意される。その三種類は集会場の横にある湯沸かし場に行けば、一日中好きな時間に好きなだけ飲むことができる。砂糖をたっぷり入れた苦甘いミントティーは現地の言葉では「アッツァイ」と呼ばれるが、フランス語の「テ・ア・ラ・マント」もよく通じる。中国産の「ガンパウダー」と呼ばれる緑茶を濃く煮出し、大量の砂糖と生のスペアミントの葉を枝ごと入れて、ガラスのコップに注いでいただく。トロっとした琥珀色から「モロッカン・ウィスキー」とも呼ばれ、マーレムたちは一日に十数杯も飲んでいる。

二日目の昼飯は午前中のうちに屠られたばかりの牛肉のタジンが出された。牛肉を骨ごと約一〇センチ角に切り、大量の玉ねぎや香菜、にんにく、沢山のスパイスとともにマリネし、巨大な鍋で時間をかけて蒸し煮にしたタジン。肉の上にはフライドポ

テトがたっぷりのっていた。屠ったばかりの肉は硬いが、一〇〇%オーガニックな放し飼いの牛の野趣溢れる味。牛の骨から出た出汁をフライドポテトにからめていただくと美味い！

　タジンとは、とんがり帽子型のふたをもつ土鍋の名称であり、モロッコではそれを使った煮込み料理もタジンと呼ばれる。ちなみにチュニジアでは土鍋で焼いた具入りオムレツのことをタジンと呼ぶ。

　日本でも一時大流行したタジン鍋、乾燥地帯に暮らす人々の生活の知恵から生まれた調理器具だ。肉や野菜を鍋に入れ、七輪の上で弱火にかけると、帽子型の蓋の中で食材から出る蒸気が対流し、水をあまり加えることなしに調理ができる。さらに、土鍋からの遠赤外線には食材の風味を閉じ込める効果もある。しかし、現代ではタジン鍋の代わりに、大幅な時間短縮ができる圧力鍋を用いることも増えている。ジャジューカ村では大人数に対応するため、タジン鍋ではなく大型のアルミ鍋を用いていた。

◉三日目　料理も演奏も心ゆくまで●

村の料理を習いたくなった僕は三日目の朝、集会場裏の厨房のある家を訪れた。広い中庭には村の女性たちが集まり、昼飯の用意を始めていた。首からカメラを提げた僕を見て、彼女たちは「ノン！　ノン！」と騒ぎだした。一般的に田舎のモロッコ人女性は写真に撮られることを嫌う。「料理を習いたいんです」とフランス語で言うと、外国人の男性が料理を習いたいと言い出したのがよほどおかしいのか、おばちゃんたちはなにやら大笑いし始め、僕は「こっちに来なさい！」と

▲典型的な村の朝食。どうやっても食べきれない！

▲ミントティー

▲鶏肉、にんじん、玉ねぎ、フライドポテトのタジン
▶屠ったばかりの仔牛の肉をナタを使って食べやすい大きさに切り分ける
▼屠ったばかりの仔牛肉のタジン、フライドポテトのせ

暗く狭い部屋に通された。

中に入ると、台所の床に直座りした四人のおばちゃんがホブスの生地をこねていた。大きなたらいに三キロほどの小麦粉とベーキングパウダー山盛りひとつかみ、イーストも同じく山盛りひとつかみを入れ、たっぷり井戸の水を注ぎ入れる。そこに一番恰幅の良いリーダー格のおばちゃんが袖をまくった上腕をつっこんで、生地をこねていく。五〇人分のホブスだけに、生地の量も半端ない。おばちゃんが体重をかけながら、粉をこね回し、生地を小分けにする。それを三人の女性が受け取り、直径二五センチほどの饅頭状に丸くまとめていく。きれいな饅頭状にまとまったら、布巾で覆って、床に重ね、二次発酵させる。

直径四〇センチほどに膨れ上がったホブスは家の外に設置された粘土作りの窯「フルン」で焼く。フルンは巨大な蟻塚のような形で、イタリアのピザ窯のように水平に穴が開いていて、火を付けた木の枝を穴に詰めて調理する。外から見ると内部はそれほど広くはなさそうだが、大きなホブスが一度に五枚も焼けるほどの広さがあった。

▲厨房の調理器具。すべて地べたに直置きなのだ
▶テントの下、車座になって料理をいただく

中庭に戻ると、生地をこね終えたおばちゃんたちが手分けして料理を作り始めていた。一人はサラダを担当。ねじ込み型のふたが付いた旧式の圧力鍋でビーツを茹でていく。僕が普段使っている日本製の圧力鍋なら一分も加圧すれば中まで柔らかく煮えるだろうが、昔ながらの圧力鍋なので、ビーツを茹でるだけなのに二〇分以上もピーピーと圧力弁を鳴らしていた。その横で僕は胡瓜《きゅうり》やオレンジの皮をむくのを手伝った。胡瓜や玉ねぎにはオリーブオイルと塩を振り、オレンジとレタスには砂糖を振りかけていた。

もう一人のおばちゃんは水に漬けておいた乾燥空豆を巨大なアルミの平鍋で煮こみ始めた。時々かきまぜながら、浮いてきたアクを取り、空豆がどろどろに溶けるまで気長に煮こむ。フールやバイサラと呼ばれるスープ、これも日本製の圧力鍋を使えば一〇分の加圧で作れるはずだが、なんと四時間以上もトロトロと煮こんでいた。

中庭の奥の流し場では、別のおばちゃん二人が近くの町の市場で買ってきた大きなバケツ二杯分の鰯と鯵の下処理をしていた。地中海と大西洋に面するモロッコは海産物も豊富だ。大きな町の魚市場には鰯やヒメジ、平目、カサゴ、ホウボウ、イカ、エビなど日本でもお馴染みの魚介が並んでいる。ジャジューカ村は内陸の山中にあるが、大西洋からの距離は四〇キロほど。魚の輸送技術は日本ほどは整っていないが、足の早い魚以外は村にいながらでも問題なく食べられる。

　おばちゃんたちは魚をさばき終えた後、クミンパウダー、パプリカパウダー、胡椒、香菜とパセリのみじん切り、塩、にんにく、オリーブオイルを混ぜ合わせてオレンジ色のペーストを作り始めた。それをさばいた魚の表面と内側に塗りたくり、コーンフラワーと小麦粉をまぶす。そして、大きなフライ用の鉄鍋にオリーブオイルとサラダ油を熱し、魚を揚げていく。高級魚介レストランなどを除くと、モロッコで食べる魚のフライは基本的には揚げすぎの焦げ焦げである。日本人的には魚の身に軽く火が通るくらいで油を切り、熱々の状態を息をフーフー吹きかけて食べるのが美味しい。しかし、ここはモロッコだ。魚の身がカリカリになり、ぜいごや骨までポロポロになるまで長時間揚げてから、火傷しないように冷まして食べるのが現地流である。

▶村の薪オーブン、フルン。内部が意外と広い

▲鰯と鯵のファルシフライ。クミンや香菜を使ったペーストが効いている
◀筆者（サラーム）も料理ヘルプ。タジンの鍋をかき混ぜる

　しばらく前から集会場のほうからはマーレムたちが演奏する音楽が聞こえていた。すでに午後二時。おばちゃんたちは朝から四時間以上も料理を作り続け、やっと完成の目処が立ってきた。大きなバケツ二杯分の魚を揚げ終わる頃には、ビーツやオレンジのサラダはもちろん、ホブスも焼き上がり、そら豆のフールもドロドロに煮上がった。出来上がった料理を大きなお皿に盛り付け、集会場に運ぶと、演奏は既に終了し、ゲストたちは絨毯の上でまったりと過ごしていた。僕は昼の演奏を逃してしまったが、まだ夜の演奏も残っているから良しとしよう。

　最終日の晩、十一時すぎの遅い夕飯には、モロッコの味噌汁ことハリラと、粗挽きの牛肉を使った肉団子ケフタをトマトとともに煮こんだケフタ・トマト・タジンが出された。ケフタはたっぷり入っていたが、それでも屠った仔牛の肉の半分も使っていないはず。僕たちが帰った後もしばらく、村では仔牛料理が続いたことだろう。

▼▼▼ディープレポート……▼

ジャジューカの「屠畜」――〝生きた魂〟を食べるということ

その光景を目撃したブライアン・ジョーンズが「あの山羊は俺だ」と畏怖したとも伝えられる、ジャジューカの神聖なる儀式「屠畜」。実態はいかなるものなのか？

kucci＝文、写真

ジャジューカ・フェスティバルでは、毎年必ず家畜が一匹屠畜され、ゲストにふるまわれる。

今年二〇一七年は、たまたまラマダーン明けのお祭と重なったものの、お祭とは関係なく、世界中から集まった客人へのもてなしの印として、貴重な家畜を提供して下さるのだ。

今年は二日目の朝、八時半に山羊の屠畜が行われるというのでフェス会場に向かったのだけど、昨晩一緒に見ようと約束した友人たちは誰も来ない。村人はいるがまだ始める気配もない。

ただ山羊が一匹、木に繋がれている。どうやら確実に屠畜は行われるらしい。近寄ってみると山羊は、すべてを悟ったように、今生最後の此の世界を目に焼き付けるかのごとく空を仰いでいた。……なんて、センチメンタルすぎるだろうか。山羊とは元々憂いを帯びた瞳をしている動物だ。

昨日は深夜まで演奏が続いていたのだから、村人もゲストも眠いに決まっているとはいえ、これだけ始まる気配がないのは、どうしたものか。村人に尋ねると、どうやら一〇時に始まるらしい。ここで待つには微妙に長い時間……当然私も眠いのだ。

しょうがなく一度宿泊している民家に戻ると、村人を通じて私の行動を把握していたご主人が朝ごはんを出してくれた。後で始まるから、これを食べたら行けと言う。

安心して悠長に食べ始めたのも束の間、何やら携帯で連絡を受けたご主人が一転、もう始まるから行けと言う。口をもぐもぐさせながら慌てて向かってみると、ちょうど始まるところで、彼らは私の到着を待っていてくれた。

ハラールとハラーム

相変わらず友人達は誰もいない。心の準備も出来ていない。けれど、待ちくたびれたおじさん達は、早々に慣れた手つきで山羊の四本脚を一つに束ね、押さえつけ、あれよと言わせる間もなくその首に、スーッとナイフを入れたのだった。

それは不思議なくらい、無理な力が入った様子もなく、まるで引き込まれる様に山羊の首に入っていった。山羊も、特に抵抗する様子もない。

イスラムでは、神によって許されていることを「ハラール」、禁じられていることを「ハラーム」という。食品のハラームでは豚やお酒が有名だけれども、他にも細かな規定がある。

▲今生最後の此の世界を目に焼き付けるかのごとく、空を仰いでいた

▼喉を切る瞬間

▼脚を束ねる

クルアーンの五章三節には、「あなたがたに禁じられたものは、死肉、(流れる)血、豚肉、アッラー以外の名を唱え(殺され)たもの、絞め殺されたもの、打ち殺されたもの、墜死したもの、角で突き殺されたもの、野獣が食い残したもの、(ただしこの種のものでも)あなたがたがその止《とど》めを刺したものは別である」(『日亜対訳・注解　聖クルアーン』／日本ムスリム協会・刊)とあり、これを実践する為ために、祈りを唱えながら、ナイフのような鋭く切れる器具を使い、素早く体内の血を流出させる屠畜法が推奨されている。

『世界屠畜紀行』(内澤旬子・著、角川文庫)によれば、イランなどイスラム法の厳しい国では、束ねた四本脚をメッカの方角に向けなければいけないらしいのだけど、今回の山羊の脚の方角を写真と地図で確認すると、まるであさっての方向を向いていた。同じムスリムでも国によってだいぶ違いがありそうだが、喉を切るという点はどの地域でも共通しているようだ。

電気ショックで気絶させずに動物を殺すことは残酷だという批判もあるようだけれど、どっちが残酷と考えるかは国民性や文化的背景に委ねられている。

機械を使う方が卑怯で残酷だなんて考えるのも、それはそれで時代錯誤かもしれないけれど、誰だって生き物を殺したくて殺しているわけではない。「殺生する」ということの重みを受け止めるという意味では、少しでも痛みを軽減させるための殺し方に日々腕を磨き、全神経を集中させて行われる刺殺の方が、気持ちがこもっていて残酷ではないのではないかと、私なんかは考えてしまう。

とはいえ、それはあまりに一瞬の出来事だったので、写真を撮るのが精一杯。その時は何が起こったのか、実感がついていかないのだから当然言葉もついて来ない。目の前の

※本項には一部刺激的な写真が含まれますが、現地のリアリティと文化的意義を尊重し掲載しています

光景に一人、わーわーマヌケな声を出すしかない。こちらの、その数秒の時差ボケ（リアリティのなさから来る平和ボケ?）を埋めるがごとく、頚動脈から血を滴らせながらも山羊は、どたっどたっと鈍い音をたてながら、地面に脚を打ちつけた。それが一分くらいと意外に長い。思わず手をあわせる。ムスリムの方達に囲まれているこの状況で、このポーズはナシ?　と思いつつ、いや日本人の私にはこれしかないし、こういう時……。

その後、首の血が丁寧に洗われた。もっと凄い血しぶきを想像していたのだけど、一気に血液を流出させたためか意外に滴る血が少ない。ちなみに、体内の血液を素早く流出させることは、微生物の繁殖を阻止し肉の鮮度を保てるという理にもかなっているらしい。

聞こえてくる笛の音

膝あたりにナイフを入れ、開けた穴に何をするかと思いきや、恰幅の良い青年が口をつけフウゥフウゥと息を吹き込み始めた。山羊の全身がみるみる、面白いように膨らんだ。何という肺活量……!　どうやら皮を剝ぎやすくするために、皮と肉の間に空気を吹き込んでいるらしい。

ひっくり返した山羊の肛門あたりにナイフを入れ、肉と皮の間に腕を突っ込み、皮はぐんぐんと綺麗に剝がされていった。お腹辺りまで剝がされたところで、準備されていた木の縄に五人がかりで山羊をぶら下げると、ぶらんと半分だけで繫がっていた首が丁寧に切り離された。

皮剝ぎは続き、山羊の生身がどんどん露わになっていく。脇の下まで覗いたところで、まるでTシャツを脱ぎかけてる人みたいな状態になり、青年は首と肩の間の皮に足を挟んで最後の一押し。べろん、と皮は地に落ちて、文字どおり、山羊は身ぐるみ剝がされたのだった。

その瞬間、それは「生き物の死体」から「食肉」に変わったように感じた。

つまりその後撮った写真は、市場でぶら下がっている食肉と同じ、わりと安心してSNSにもアップできるような代物になったのだ。みぞおち辺りを手で探り骨の場所を確認しながら慎重にナイフを入れ、下腹部に向けて綺麗に切断すると、胃や腸などの内臓がどろんと表に垂れ下がる。それは見るからに新鮮で、ツヤツヤしていて、美しくも感じてしまう。

その後は慣れた手つきで、一つ一つの内臓をより分け、取り出した腸に口をあて、風船の様に膨らませては水を注いで綺麗に洗浄するという作業が繰り返された。背後からは笛の音が聞こえてくる。マスターたちが練習しているのだ。長閑な音色なのだけど、それがなぜか屠畜の光景とマッチする。

昨年の子牛の屠畜は専門の職人さんが手がけていたそうなのだけど、山羊や羊は比較的簡単だからか、今年は村の人が自ら手がけている。

屠畜を行ったのは、いつもフェス会場で水やミントティーを配ってくれているアブドゥッサラーム・エル・アッタールさん。皮が剝がれて以降は、彼と、マスターの一人でガイタ奏者のモハメド・エル・アッタールさんが二人だけで、楽しそうに雑談を

▲つやつやと奇麗な内蔵や腸を引っ張り出している

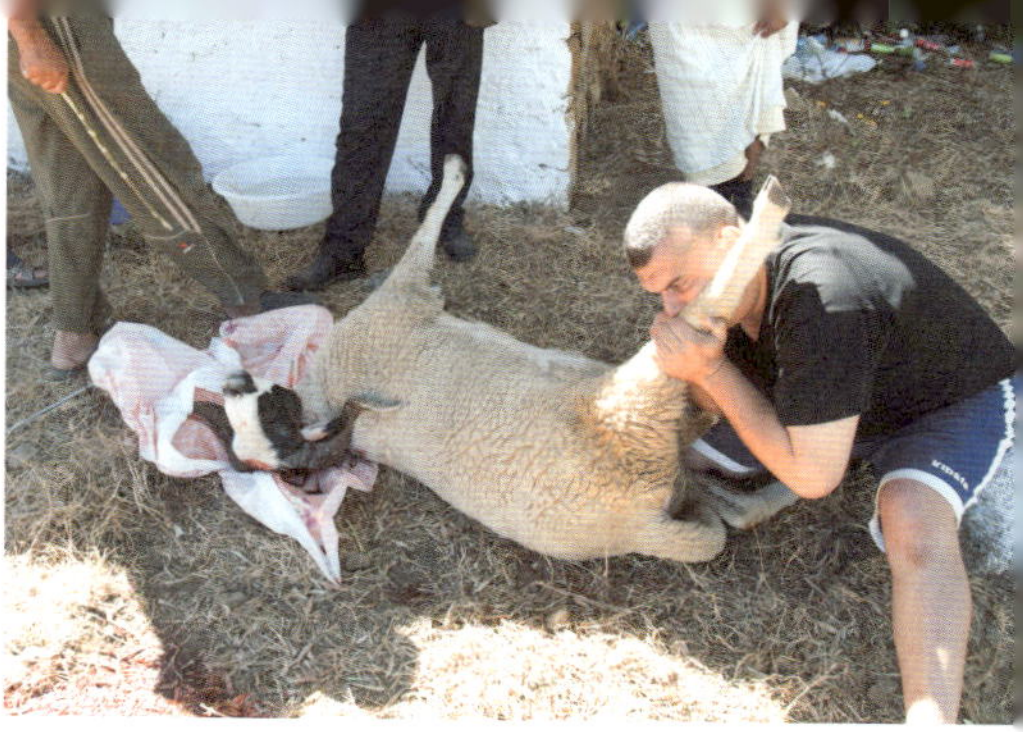

▲みるみると面白いように膨らむ山羊

▲水を注ぎやすくするために風船の様に膨らませる
▼楽しげに歓談しながら作業するふたり

▲五人がかりで木に吊り下げる
▼更に皮を剥ぐ

交わしながら作業をしていた。ランチやディナーの給仕をするだけでなく、屠畜までミュージシャン自ら手がけてしまう。生活に根付いた音楽を、その生活の中にどっぷり身を浸しながら味わうジャジューカ・フェスティバルの魅力をひしひしと感じてしまう。

一通り内臓を選り分け洗浄を終えると、ぶら下がった肉をナタの様な包丁で勢いよく、かつ繊細に真っ二つに切り分けて、その枝肉を担いでモハメドさんは飄々とどこかへ去っていった。

これで一通りの屠畜作業が終わった。正味一時間の出来事だった。

肉なる山羊とともに

この日の昼と夜は、美味しい山羊料理がゲスト達にふるまわれた。山羊肉は羊よりも臭みが強いと聞いていたけれど、まったく臭みを感じない。ついさっき屠られたばかりの肉なのだから鮮度抜群、美味しくないわけがない。翌日もケフタというミートボール状の料理となってランチに登場。少しでも無駄にしないよう計画的に料理されているのだ。

屠畜を見るのも、そのご馳走を頂くのも、私にとっては初めての体験だった。普段レストランで頂くご馳走とは確実に違う重みを感じながら、とても大切に味わった。そして頂きながら、今朝の山羊の最後の姿が脳裏に霞んだ。

ジャジューカの伝説で、ブージュルードは人と山羊の半人半獣として登場する。

あの山羊が最後の景色を仰いでいた同じその場所で、フェスティバルの最終日、焚き火の前に忽然と現れたブージュルードは、私にとっては、山羊の化身にしか見えず、身震いした。

けれどその身震いは、決して恐ろしさから来るものではない。天命を全うし、生物とはまた別の存在となって、目前に現れた山羊の化身に感じたのは、肉体から解放された異形の者のみが放つ狂気であり、それはどこかユニークさすら感じさせる。

考えてみれば、肉を食べるという行為は不思議なもので、私たちが食するその瞬間、その肉体の持ち主だった生き物の魂は、必ずあちらの世界へ行っているわけなのだから、私たちは肉を食べる度に、その生き物の魂を通して幾度となく、彼岸の世界を垣間見ているのかもしれない。

私たちが食べているのは、「死んだ肉」ではなく、「生きた魂」なのだ。クルアーンで「死肉」を食べることがハラーム(禁忌事項)となっているのは、そういうことなのかと思った。そんな儀式めいた体験を日々繰り返しているのかと考えると、生きるということは、そもそもがとても狂気を孕んだ所業であると思えてくる。

その肉は既に、私たちの血肉にもなっている。自分の中にも同じ狂気を感じ、くすぐったいような面白いような笑いがこみ上げ、小さな興奮に身を震わせながら、心ゆくまで音楽と踊りを楽しんだ。

現地での屠畜を自分の目で見たことは、大地を豊饒にし、子孫を繁栄させると言われるジャジューカ音楽の真髄を体感するために、とても重要な経験だったとつくづく思う。そして思い出す度に、なぜか笑みがこぼれてくるのです。

◀吊るされた山羊の隣で、ポーズを決めるモハメド・エル・アッタールさん

村の暮らしぶり

kucci＋渡邊末帆＝文・写真

音楽の名称と村の名前が同一である不思議な村、ジャジューカ村とはどんなところなのか。その村の人たちは、音楽以外にも農業や牧畜等、自給自足に近い生活形態の中で、自然の恵みを肌で感じながら、日々の暮らしを営んでいる。

通信事情

固定電話はなく、年配男性の多くは、携帯電話を持っていて連絡手段としている。ごく稀に、スマートフォンを持っている人もいる。旅行者が使用する場合、モロッコの他の都市の様にWi-fi環境は完備されておらず、現地ＳＩＭ(Maroc Telecom / Meditel / Inwi等で購入できる)を挿入すれば通信はできるものの、フェス会場周辺以外の電波は弱く、あまり快適には使用できない。

電気、水、ガス

住民の話によると、電気は一四年前に完備されたそう。上下水道はなく、朝の仕事は井戸の水汲みという重労働から始まる。毎朝ポリタンクやバケツに汲まれた水は、料理、シャワー、洗濯、トイレの水洗等、様々な用途に使われる。

ガスはプロパンガスを使っているが、屋外にパン焼き用の釜がある家もあり、薪を使って焼くこともある。

◀井戸の水を汲む男性

家畜

ロバは重要な運搬手段で、薪や荷物を運ぶ。井戸から遠い住民は、ポリタンクに何倍も汲んだ水をロバで運ぶこともある。

牧畜を生業としていない家庭でも羊や鶏を飼っていて、卵を食べる他、重要な行事の時等に食用に屠畜している。

◀働き者のロバは、暮らしに寄り添う良き相棒

小学校

村唯一の小学校は、一九五〇年にできたそうだ。日本と同じように、村の男の子も女の子も六歳から六年間通う。小学校の先生によると、アラビア語、フランス語、イスラム教育、芸術教育、市民教育、歴史、地理の授業が行われている。中学校は三年間、村から少し離れたところに歩いて通う。

◀小学校。壁にはフランス語とアラビア語のアルファベット

キオスク

二〇一六年までは村には日本でいう小さなタバコ屋くらいのキオスクしかなかったが、二〇一七年には村の真ん中に日用品を扱う大きめのキオスクが新しく建っていた。建物は他の家の造りとは違って、コンクリート製で、経営しているのは村の外から来た夫婦だ。コーラやジュースや飲料水、お菓子、ライター、煙草（一本から）の他、洗剤などの生活用品、小麦粉や油などを買うことができる。大きな冷蔵庫があり、既成のバターや牛乳などの要冷蔵品も扱っている。

◀キオスクの周りはいつも若者で大にぎわい

◀キオスク内部。中央上に来日公演チラシが貼ってある！

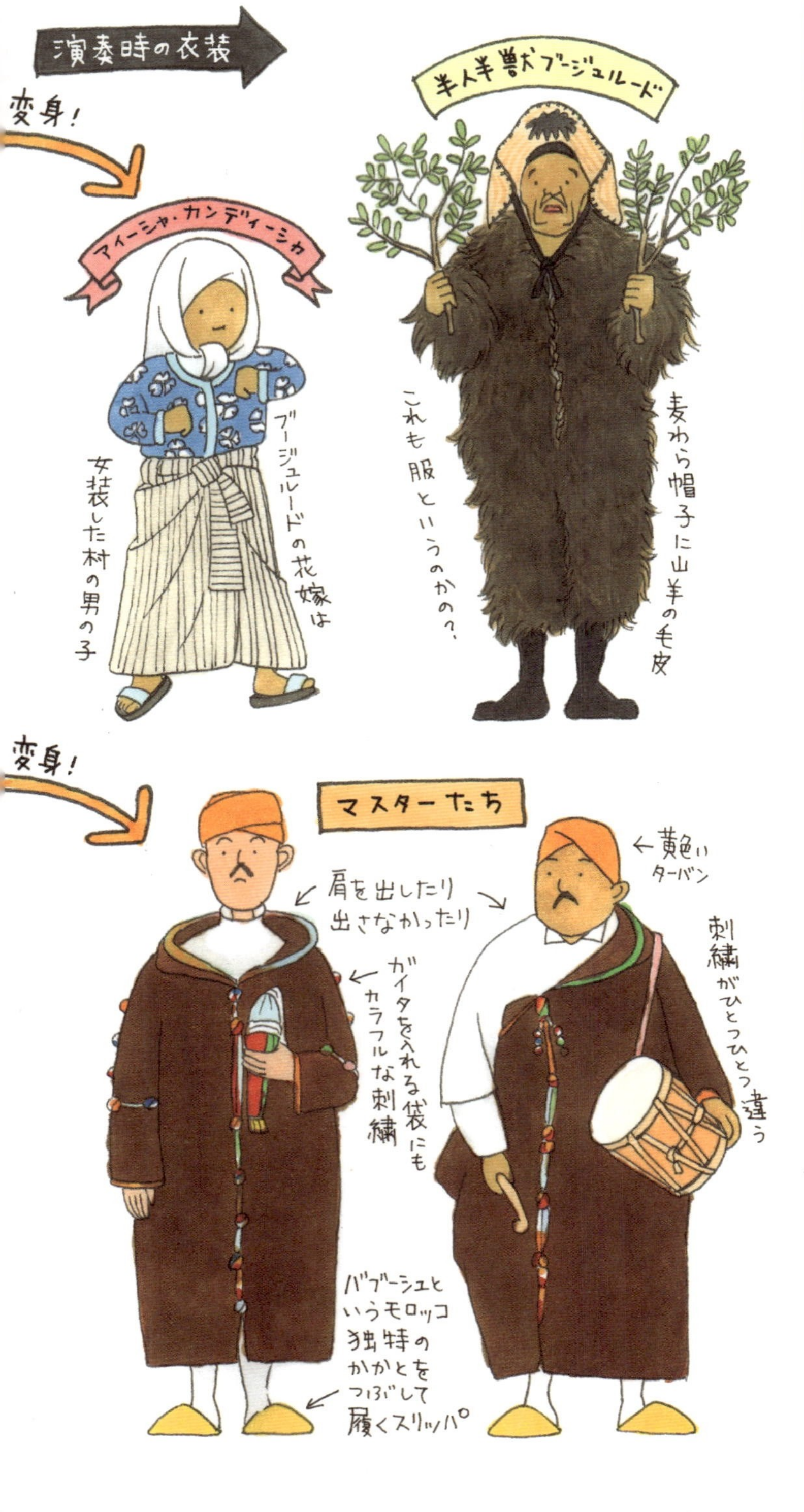

村の衣服

kucci＝文・イラスト

住民たちの服装は基本洋装の普段着だが、大人になると男女ともに、ジェラバと呼ばれる全身すっぽり隠す形のフード付の民族衣装も着ている。女性は年頃になると、ヒジャブと呼ばれるスカーフを巻くが、顔はほとんど隠さず、カフタンという丈の長い襟なしのブラウスやワンピースにコーディネートしている。

マスターたちは、演奏時、黄色いターバンに刺繍のあしらわれた茶色いジェラバで正装する。住民によると、このジェラバは村でハンドメイドで作られているとのこと。

普段の服装
中年女性
オバちゃんたちは働き者
襟元に刺繍をあしらったカフタンにエプロンを重ねている
青年
鮨
とっても普段着!
←日本人ゲストにもらった鮨Tシャツ
子どもたち
まだヒジャブはかぶらないよ
2
元気いっぱい!
若い女性
ヒジャブの巻き方もいろいろあるよ
黒いカフタンでちょっとフォーマルに
普段着のワンピース
中年男性
フードつきはジェラバ。フードなしはガンドゥーラという
←タギーヤという鉤針編みの縁なし帽をよくかぶる
おっさんのフード姿はなんともキュート
昼間はこんなかっこうで演奏している

村の住まい

kucci＝文・イラスト

一夫多妻の習慣に由来する等様々な説のある中庭《パティオ》付き住宅は、北アフリカやスペイン南部では一般的な構造で、ジャジューカ村の住宅も、中庭を中心に部屋が配置されている。外壁は日干し煉瓦（アドベ）に漆喰を塗ったシンプルなもので、漆喰の熱反射と日干し煉瓦の保温効果により、夏は涼しく冬は暖かく室温を保てる、寒暖差が激しく雨の少ない地域ならではの伝統的な工法となっている。

白を基調に一～二色でペイントしたカラーリングや、ドアの装飾が見どころ。

目の醒める様な青と白のツートーン
内部は次頁で紹介

トタン屋根のさびがワンポイント
のデザインにも見える

一番ノーマルな赤と青のスリートーン
村で何軒も見かけるカラーリング

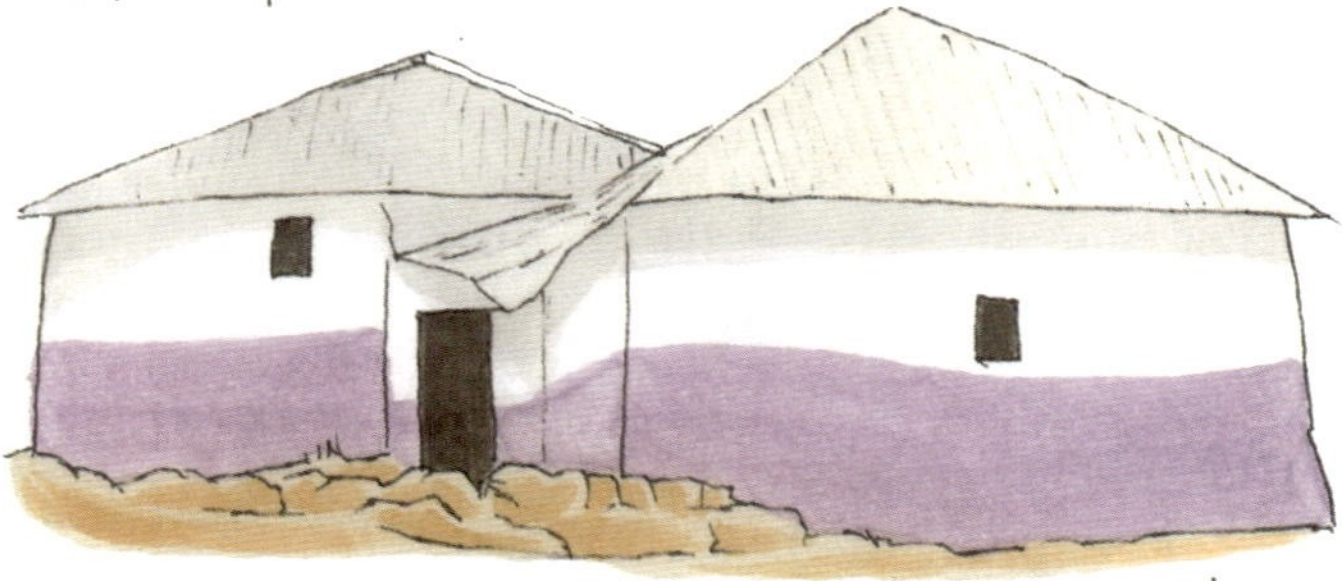

高台に建つめずらしい紫の家

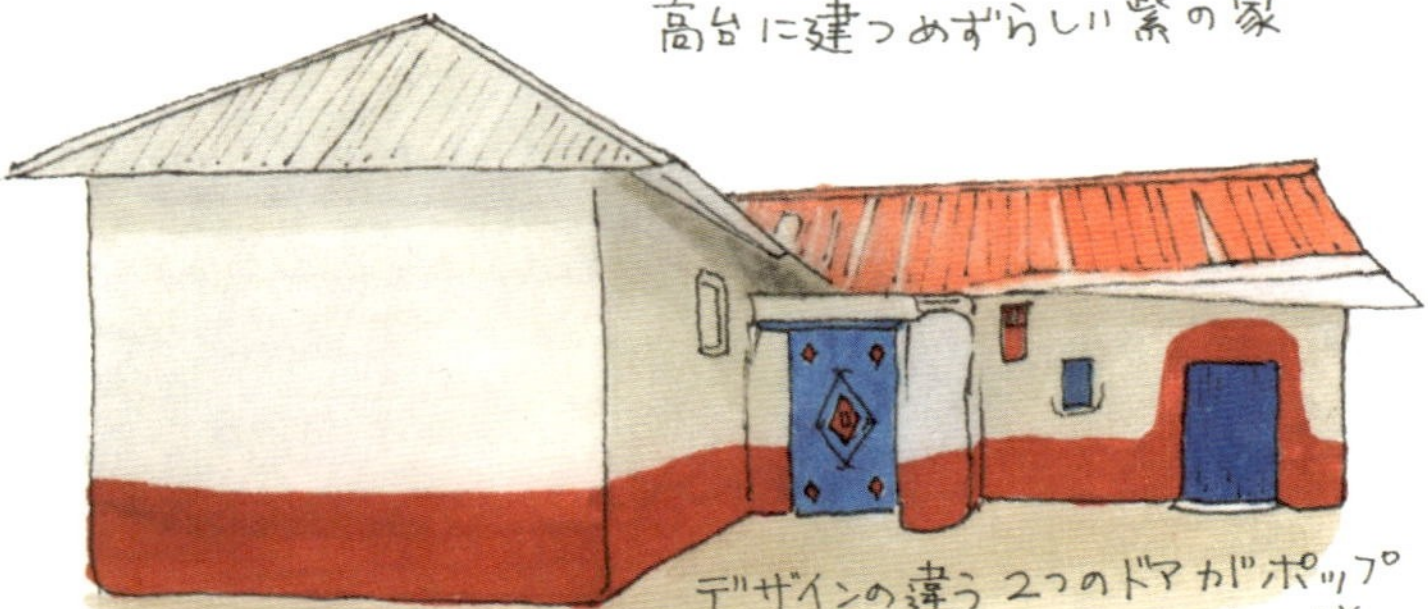

デザインの違う2つのドアがポップ
おとぎ話に出てくるお菓子の家の様

ピンクと水色のパステルカラーが目に優しい

ドアを囲む赤いペイントがヴィヴィットに光る緑の家

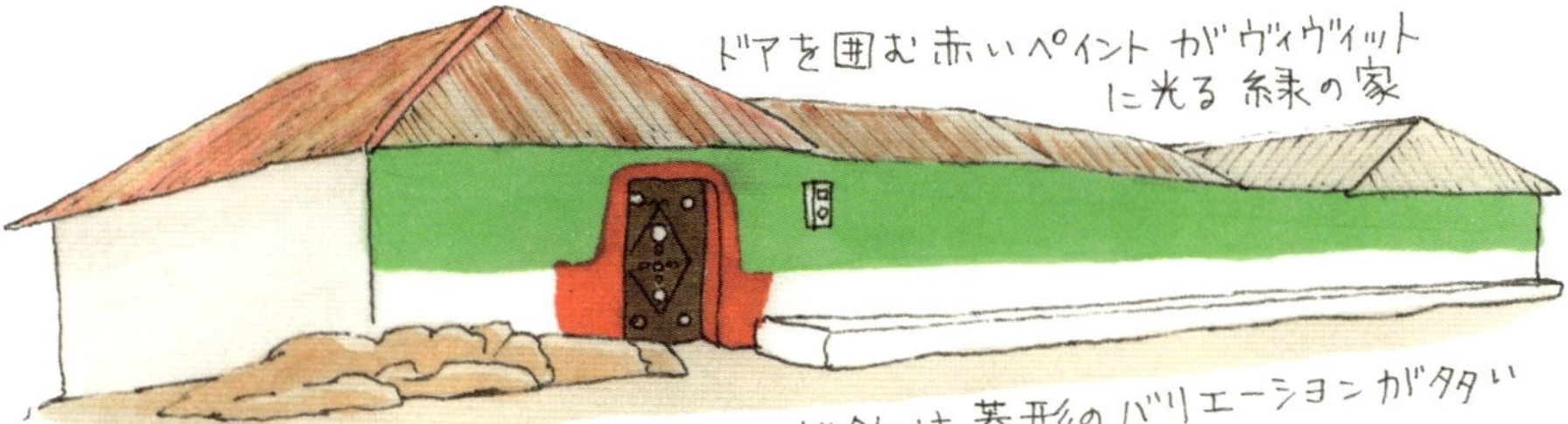

ドアの装飾は菱形のバリエーションが多い

シンプルなカラーリングが牧歌的。ドアは観音扉

あちこちナチュラルに曲がっている

めずらしい2階建て テラスや引っこんだ玄関が涼しげ

JOUJOUKA HOUSE

フェスの参加者は、マスターの家に、カップルや仲間で部屋をシェアして宿泊させてもらいます。こちらの家は、2階建てで、カフェを併設するジャジューカいちのオシャレハウス!

このぐにゃりラインがモロッコのおうちの醍醐味!!

普段はお父さんの部屋
ジャジューカハウス徹底解剖!!
illustration by kucc
ジャジューカの子どもたちは音楽好き
ヘッドホンを渡すと友川カズキで踊りだす
カフェ紹介は次ページへ!
この部屋はドアなし、カーテンのみ風通りがよく涼しい
カフェへの入口
ゲスト滞在中家族の方はカフェで寝ているらしい…
洗面、シャワーもここでする
WCペーパーは流さずバケツに捨てましょう
トイレは基本汲み取り式だけど、バケツの水で流すので一応水洗トイレ
かわいくて油断するけどすべりやすい急な階段。フェス帰りには真っ暗闇になるので注意!
タジン鍋からフライパンまで、ざっと見ただけでも16種類とお鍋類が充実!
懐かしの洗濯板でお洗濯
食器洗いもココでする
カラフルな食器が並ぶキッチン
お母さんが朝食の他、おやつのケーキやクッキーも焼いてくれる
ミントの葉
放し飼いのニワトリ

ジャジューカ村唯一のカフェ

カフェ・ブージュルード

kucci、須藤香奈子＝写真

前ページ俯瞰図に描かれた家の階段下は、通称「カフェ・ブージュルード」。

フェス参加者は、マスター・ミュージシャンズ・オブ・ジャジューカの海外ツアーの写真やポスターがたくさん貼られたこの部屋で、コーラ、スプライト、ミントティー、コーヒーなどをいただきながら会話を交わし、交流を深めることができる。

▲外国人ゲストをカフェに迎えるハトゥミさんと息子ナディール君

▲海外で活躍するマスターたちの写真

▲ローマでのヴィラ・アペルタ・フェスのポスター

▲ミック・ジャガーのスナップも発見！

今すぐ使えるジャジューカ語

渡邉未帆＝文

モロッコの公用語はアラビア語とベルベル語で、話し言葉には「ダリジャ」と呼ばれるアラビア語とベルベル語が混交したモロッコの方言（アンミーヤ）が多く使われている。口語には文字の正字法はない。

ジャジューカ村は、モロッコでもタンジェを中心とした北部に位置するため、村で使われている言葉はアラビア語、ベルベル語だけではなく、インターゾーン（国際管理都市）時代のフランス語やスペイン語の影響もうかがえる。村では英語はほとんど通じないが、小学校で教えられている正則アラビア語（フスハー）と簡単なフランス語が通じる時もある。ここではジャジューカで使われているあいさつなどを紹介する。少し覚えておくと、彼らとの距離がグッと縮まることだろう。

あいさつ

こんにちは **アッサラーム・アレイクム** السلام عليكم
こんにちは（返事） **ワレイクム・ッサラーム** وعليكم السلام
こんにちは **マルハバン** مرحبا
元気ですか？ **サヴァ？** **Ça va?**
元気です。（返事） **サヴァ** **Ça va.**
元気ですか？ **ラバース？** لا باس؟
おかげさまで、元気です。（返事）
ビハイル・アルハムドゥリッラー بجيل، الحمد الله
いいね **ムジヤーン** مزيان
とってもいいね **ムジヤーン・ブッザーフ** مزيان بزاف

ジャジューカ村の人たちは、いつでもどこでも1日に何回でも、会うとひとしきり挨拶を交わす。笑顔で「ムジヤーン！」と言ってみよう！ 初対面の相手（男性同士）とは握手、親しい相手とはハグや、右→左の順に頬っぺたを合わせる挨拶をする。

家で

私の名前は～です。 **スミーティー・～** سميتي~
あなたのお名前は？
アッシュノー・スミートゥック？ أشنو سميتك؟
ありがとう شكرا
どういたしまして **ラー・シュクラ・アラー・ワージブ**
（ワージブだけでも可） لا شكرا على واخب
すみません or ごめんなさい **スマフリー** سمحلي
どうぞ **タファッダル** تفضل
OK **ワッハ** واخا
NO **ラー** لا
かっこいいね **ズウィーン**（男性に） زوين
かわいいね **ズウィーナ**（女性に） زوينة

滞在するマスターたちの家には、マスターの奥さんと子供たちが一緒に住んでいて、テキパキとゲストの身の回りの世話をしてくれる。自己紹介やお礼の言葉を覚えておくと便利だろう。

食事のとき

水 **マー** ما
ミントティー **アッツァイ** أتاي
コーヒー **カフワ** قهوة
砂糖 **スッカル** سكر
牛乳 **ハリーブ** حليب
オリーブ **ズィトゥーン** زيتون
パン **ホブズ** خبز
卵 **ベイドゥ** بيض
肉 **ルハム** لحم
魚 **サマク** سمك
野菜 **ホドラ** خضرة
果物 **ファワーキフ** فواكه
お菓子 **ヘルワ** حلوى
～ください。 **アーティ**
ニー・～ أعطني~
いただきます（神の名において） **ビスミッラー** بسم الله
少し **シュウィーヤ** شوية
たくさん **ブッザーフ** بزاف
全部 **クルシ** كلش
おいしい **ブニーナ** بنينة
終わりました **サフィ** صافي
ごちそうさまでした（神が健康をもたらしますように）
サッハ صحة

フェスティヴァルの会期中、集会所ではペットボトルの飲料水、ミントティー、コーヒーはいつでももらいに行くことができる。酷暑のなか、水分は必須。マスターに「アーティニー・マー（お水ください）」と頼んでみよう！

数字

1**ワーヒド** واحد
2**ジュージュ** خوخ
*（**イスナーニ** اثنان）
3**タラータ** تلاتة
*（**サラーサ** ثلاثة）
4**ルバア** ربعة
（**アルバア** أربعة）
5**ハムサ** خمس
6**スィッタ** ستة
7**スバア** سبعة
*（**サブア** سبعة）
8**タマニア** تمنية
（**サマーニヤ** ثمانية）
9**ティスア** تسعة
10**アシャラ** عشرة
20**イシュリーン** عشرين
*（**イシュルーナ** عشرون）
30**タラーティーン** تلاتين
*（**サラースーナ** ثلاثون）
40**ルバイーン** ربعتين
*（**アルバウーナ** أربعون）
50**ハムスィーン** خمسين
*（**ハムスーナ** خمسون）
100**ミア** مية
*（**ミア** مائة）
200 **ミアティーン** ميتين
*（**ミアターニ** مائتان）
*フスハー（標準アラビア語）

飲み物や食事はフェスティヴァルの参加費に含まれているので、ジャジューカ村でお金を使うことは滅多にないが、キオスクでコーラやライターなどの簡単な買い物はできる。ジャジューカ村でコーラは1本6モロッコ・ディルハム（2017年現在 1モロッコ・ディルハム＝約12円）。

第4章 港町タンジェ

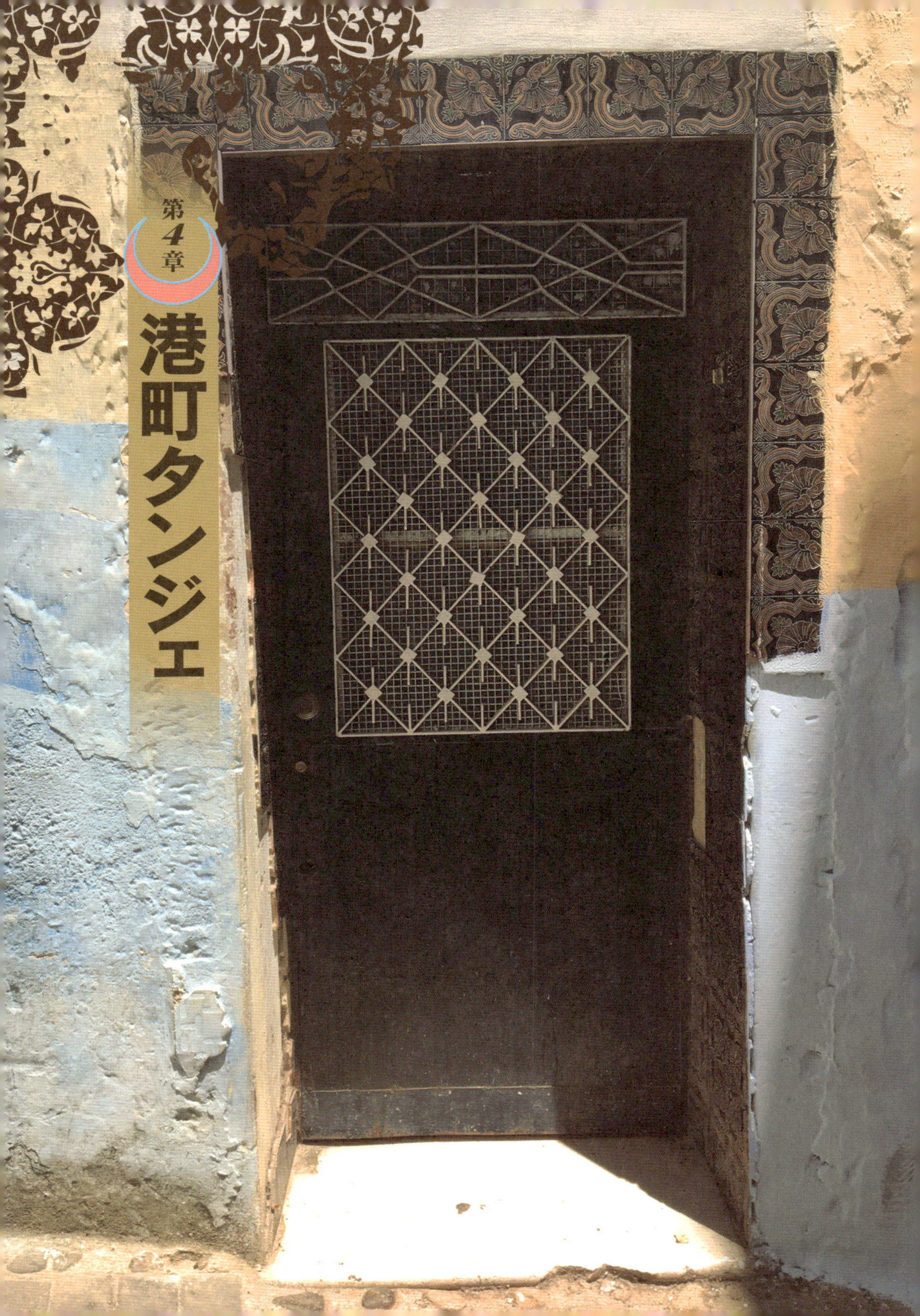

タンジェ——ジャジューカ、猥雑と純粋の間で

戊井昭人＝文

ジャジューカの音楽を聴いたのは二十代の頃だった。噂には聞いていた、その音楽をようやく手に入れたとき、最初は「なんだこりゃ?」と思ったが、小沢昭一の「日本の放浪芸」にも出てきそうな雰囲気があって、次第に、その土着的な親しみやすさがたまらなく好きになっていた。

三十代半ばになり、わたしはモロッコに行くことになった。目的の無い一人旅だったが、モロッコといったらジャジューカだ、「ジャジューカ村に行くぞ」と意気込んでいた。しかし当時知っていたのは、タンジェの近くに村があるということだけだった。それでもタンジェまで行けばどうにかなるだろうと軽く考えていて、日本だと郡上八幡に行くくらいの感覚だった。

カサブランカに着いて早々、わたしは電車に乗ってタンジェに向かった。ほんの十年くらい前だが、タンジェは現在よりもいかがわしく、裏路地など、いたるところにヤバそうな雰囲気が漂っていた。しかし、ウィリアム・バロウズが滞在していたホテルや、ビートニクスの連中が集っていたカフェ、ブライアン・ジョーンズが通っていたカフェなどに行き、そのような文化の残り香に興奮し、すぐに街のいかがわしさを堪能するようになっていた。

数日間滞在して、そろそろジャジューカだと思い、ホテルの人に訊ねてみたが、「ジャジューカ?」といった感じで、長距離バスの発着所でも「それ、どこよ?」と言われ、速度のやたら遅いインターネットカフェで調べても、村がどこにあるのか分からなかった。

世界的には、あれだけ有名なジャジューカだから(一部の人だけかもしれないけれど)、モロッコ人は皆が知っていて、村はちょっとした観光名所になっているものだと、わたしは勘違いしていた。

とにかく村に行くのは思っていたより簡単ではなさそうだった。さらにこのまま調べていても日数だけが経ち、他の場所に行けなくなってしまいそうで、断念することにした。「執念が足りない」と言われてしまえば、そうなのだが、そのときわたしは、すでにタンジェのいかがわしさにはまり込んで

いて、毎晩、娼婦がたむろする海沿いのレストランで酒を飲んで騒いでるような有様だった。あげくヤリ手ババアと娼婦に尻を蹴られて店を追い出されたり、歯の抜けた売人に追いかけまわされたりしていて、タンジェ滞在に疲れていた。

そこで逃げるようにシェフシャウエンに向かった。今考えると、シャウエンまで行けばジャジューカ村はすぐそこだったが、当時は知る由もなかった。それからアル・ホセイマという鄙びた港町に行き、三日くらいかかってマラケシュに移動し、砂漠にも行った。旅行中は、モロッコ人の結婚式に出たり、グナワ楽団と仲良くなって遊んだり、ずいぶんモロッコを堪能したが、結局、ジャジューカ村は心残りのまま帰国することになった。

五年後、わたしはポルトガルをうろうろしていた（檀一雄気取りですみません）。そのとき、ここまで来ればモロッコは近いと思い、ずんずん南下して、スペインのアルヘシラスから船でタンジェに渡った。タンジェは海沿いが開発中で、前

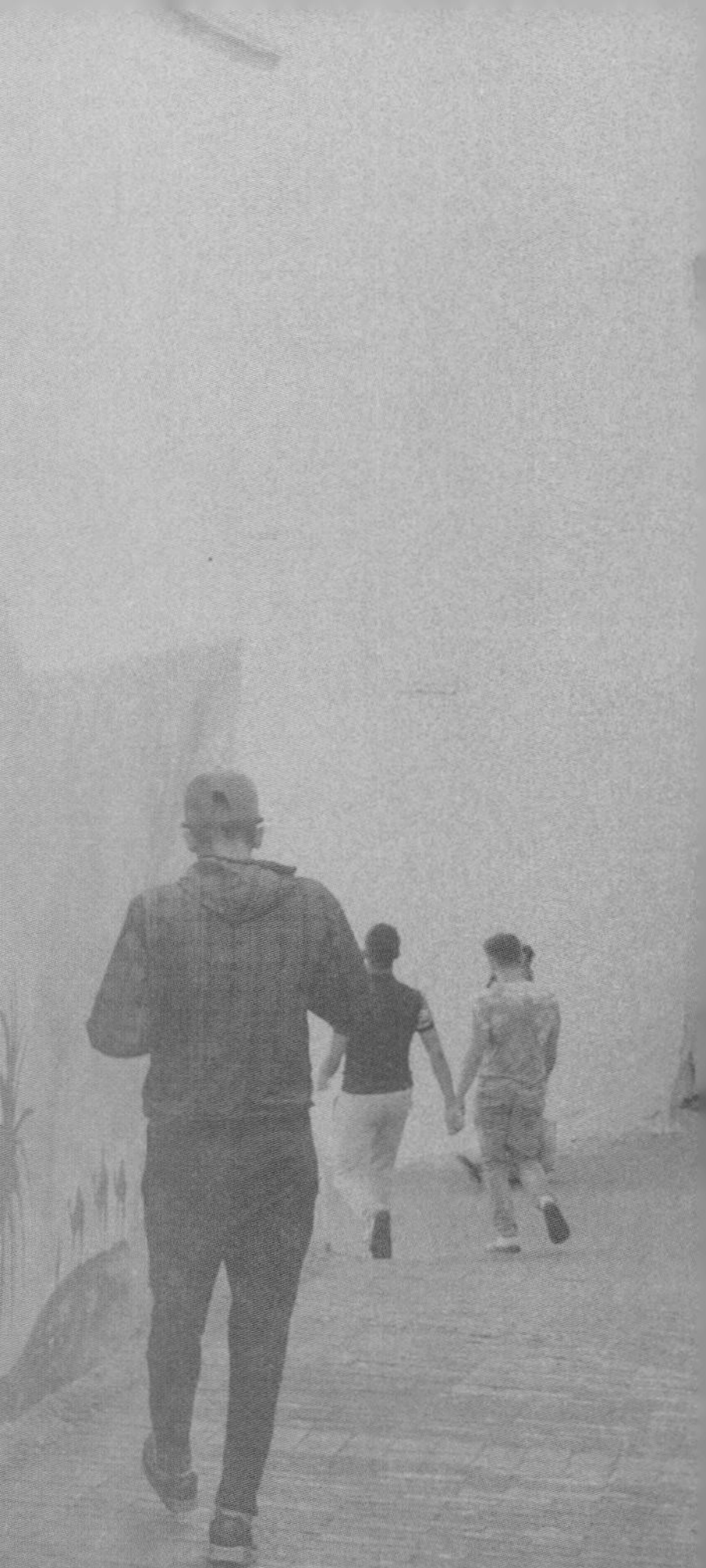

に来たときよりも街は綺麗になっていた。だが、タクシーに乗ってしばらく走るとエンジンが爆発して故障したり、いたるところで怒鳴り合いや喧嘩をしていて、あいかわらずだった。ちなみに、娼婦のいたレストランをのぞいたら潰れていた。

わたしは、ジャジューカ村を探しはじめた。そのときはノートパソコンを持参していて、ホテルもＷｉ-ｆｉが繋がったので、今度こそ行けるのではないかと思った。すると、赤塚りえ子さんがジャジューカ村のフェスティバルをレポートしたページが出てきた。「コレだ！」と思ったが、その年のフェスティバルはすでに終わっていて、記事を読むと、ジャジューカは普段、静かな田舎の村で、一人で行っても音楽を聴けるわけでもなく、ホテルもないので、どうにもならないとわかり、またあきらめてしまった。しかし日本に戻っても、ジャジューカが頭から離れず、毎晩のようにホームページを眺めては村への思いをつのらせ、最終的に、フェスティバルに申し込むことにした。

前回の滞在から半年後、わたしは、ふたたびモロッコを訪れた。カサブランカからタンジェ行きの電車に乗ると、隣に座ったおっさんが、「王様のパレードがあるから、途中の駅で降りよう」と誘ってきた。これは一緒に降りて観光をさせ、あとで金を要求してくるパターンで、よくある詐欺だ。その後も「ビーチには綺麗な女が沢山いる」とか「大きなコウノトリを見せてやる」などと言っている。わたしは「興味ない。そんなことより、おれはジャジューカに行くんだ」と言った。案の定おっさんはジャジューカを知らなかった。もし知っていれば、もう少し話につきあってみようかと思っていたが、あまりにもしつこいので、「黙ってくれ」と強く言うと、おっさんは次の駅で降りていった。

タンジェの街は、さらに開発が進んでいて、駅前ではアメリカ資本のホテルが建築中だった。駅も工事中で、しばらくすると高速鉄道も走るらしい。しかし、いつもの調子も残っていて、露天に並べられた売り物の靴からは、履いていた人の靴の足の臭いがするし、レストランでは、変テコなおっさんが、ハシシを粉々にしてテーブルにばらまき、それを手で払って床に落とし、運ばれてきたスープを置いていた。海岸の空き地では泥の水溜りから、子供が飛び出してきて、「金をくれ」と言ってきた。

二日間、あいかわらずのタンジェに滞在して、朝、電車に乗って一時間弱、クサール・エル・ケビールという駅で降りて、他のフェスティバル参加者と合流した。ジャジューカ村へ向かうタクシーの中、ジェバラを着たお爺さんがロバの背中に乗り、街道をのんびり歩いている姿を眺めていたら、やっとジャジューカ村に行けるんだという実感が、もの凄いわいてきて、泣きそうになった。

村での滞在は、「現実だったのか？」と思うくらい素晴らしいものだった。それまで、さまざまな音楽再生装置で聴いていたジャジューカであったが、生で聴くと何百倍も凄まじいものだった。一発目のガイタの音が響いた瞬間から、全身が震え、頭がくらくらした。まるで小沢昭一の「日本の放浪芸」のレコードの中に飛び込んで、自分がその現場にいるような感じがした。いや、まさしくその現場にいたのだった。

村で流れる時間も最高で、昼はのんびり、夜は狂乱盆踊り大会、すべてをひっくるめてジャジューカだった。最終日、マスター達の演奏を聴きながら、向こうの山で雷が光っているのを眺め、ポルトガル人のマルガリータさんとイギリス人のジムさんと日本人のムカイくんとジャジューカ村のビラルくんと肩を組んで踊ったのは、死ぬ瞬間、人生を振り返ることがあるとしたら、思い出したい場面になった。とにかく、ジャジューカに来れてよかった。自分が少しだけ純粋になれたように感じた。

フェスティバルが終わり、村を離れて、ようやくジャジューカ村に戻ったとき、ホテルのバーで、「三回目にしてようやくジャジューカ村に行けたよ」と感慨深くビールを飲んでいたら（ジャジューカ村はアルコールは絶対禁止です）、やたら美味しくて、少しだけ純粋になれた自分が、どんどん俗物になっていくような気がした。

むしろタンジェでは、純粋でいることの方が困難だ。わたしは、猥雑でごちゃごちゃしているタンジェも好きだが、その近くには、ちょっとばかり俗世間から離れた、あの村があるというのを忘れないようにしようと思った。

魅惑の街タンジェを歩くガイドマップ

ジャジューカ村に行くなら訪れたいゆかりの場所

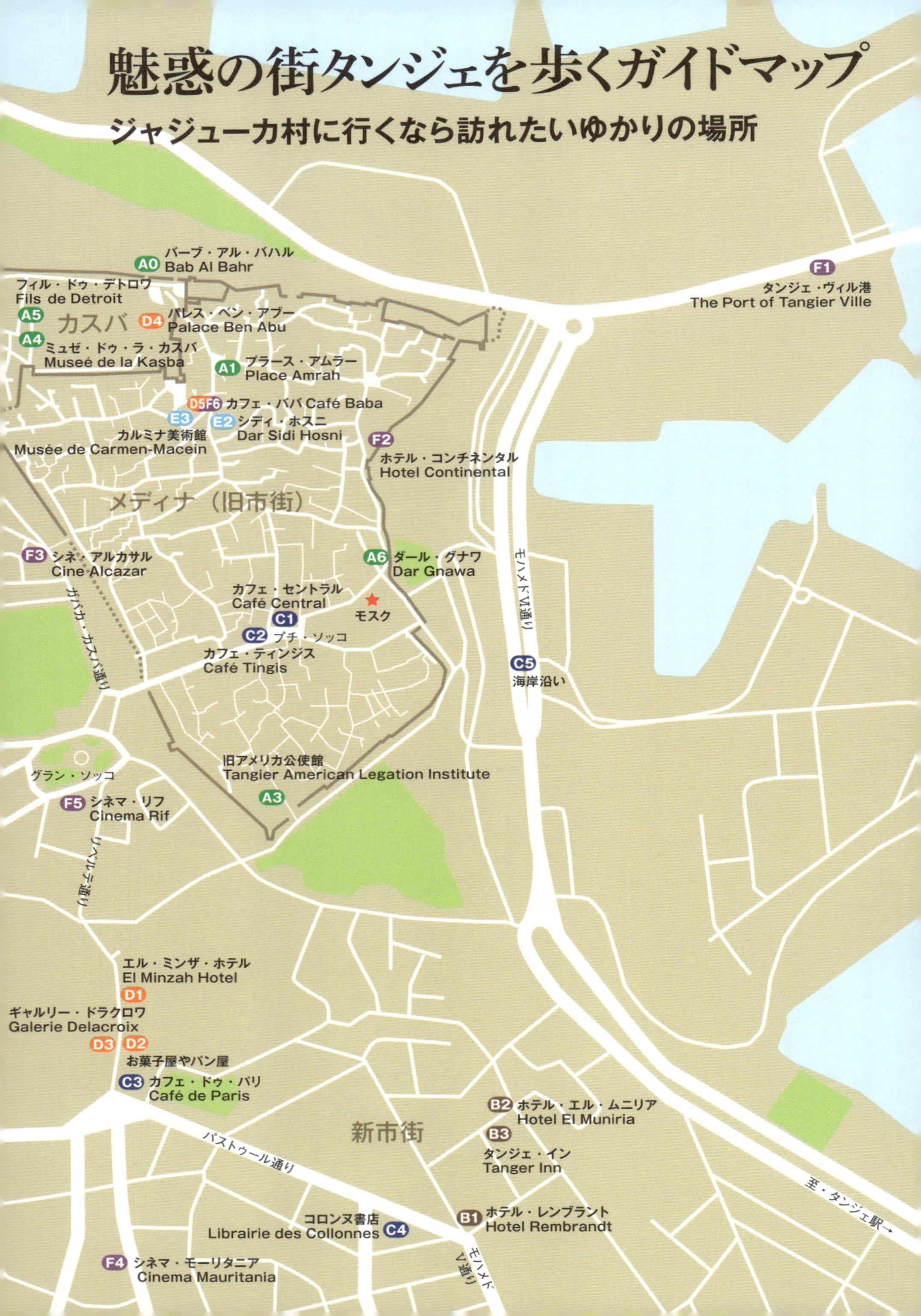

A. ボウルズ・コース

A0 バーブ・アル・バハル Bab Al Bahr ▶ A1 プラース・アムラー Place Amrah ▶
A2 イムーブル・イテサ Immeuble Itesa ▶ A3 旧アメリカ公使館 Tangier American Legation Institute ▶
A4 ミュゼ・ドゥ・ラ・カスバ Museé de la Kasba ▶ A5 フィル・ドゥ・デトロワ Fils de Detroit ▶
A6 ダール・グナワ Dar Gnawa

B. ビートニク・コース

B1 ホテル・レンブラント Hotel Rembrandt ▶ B2 ホテル・エル・ムニリア Hotel El Muniria ▶
B3 タンジェ・イン Tanger Inn ▶ B4 カフェ・ハファ Café Hafa ▶ B5 ララーシュ通り ▶
B6 ヘラクレスの洞窟 Grottes d' Hercule

C. その他文学者たちコース

C1 カフェ・セントラル Café Central ▶ C2 カフェ・ティンジス Café Tingis ▶
C3 カフェ・ドゥ・パリ Café de Paris ▶ C4 コロンヌ書店 Librairie des Collonnes ▶
C5 海岸沿い

D. ストーンズ・コース

D1 エル・ミンザ・ホテル El Minzah Hotel ▶ D2 お菓子屋やパン屋 ▶ D3 ギャルリー・ドラクロワ Galerie Delacroix ▶ D4 パレス・ベン・アブー Palace Ben Abu ▶ D5 カフェ・ババ Café Baba

E. セレブ・コース

E1 フォーブス博物館 Forbes Museum ▶ E2 シディ・ホスニ Dar Sidi Hosn ▶
E3 カルミナ美術館 Musée de Carmen-Macein

F. シネマ・コース

F1 タンジェ・ヴィル港 The Port of Tangier Ville ▶ F2 ホテル・コンチネンタル Hotel Continental ▶
F3 シネ・アルカサル Cine Alcazar ▶ F4 シネマ・モーリタニア Cinema Mauritania ▶
F5 シネマ・リフ Cinema Rif ▶ F6 カフェ・ババ Café Baba

魅惑の街タンジェを歩く

渡邊未帆＝文　kucci、渡邊未帆＝写真

貧困、富豪、芸術、大麻、文学、スパイ、ゲイ、娼婦、ゴシップ、ドラッグ……。一九五〇〜六〇年代に欧米のビート詩人、文学者、ヒッピー、セレブを惹きつけた魅惑の街タンジェとは一体どんな街なのか？

バロウズ「タンジール（表記ママ）へ戻ったことは？」
ベーコン「ないね、一度も」
バロウズ「ちっとも戻りたいとは思わないね」
ベーコン「ぼくも」
バロウズ「好きだったところがひどくなってしまうのは、本当に悲しいね」
ベーコン「モロッコ人は好きだけどね」
バロウズ「うん、うん、モロッコ人は好きだな」
ベーコン「とても好きだった」
バロウズ「ポールはどうして今もあそこに住んでるのかな」

これは一九八六年のBBCのテレビ番組でのウィリアム・バロウズと画家のフランシス・ベーコンの会話だ（『友人が語るポール・ボウルズ』より採録）。今から三〇年前にすでにタンジェの魅力が損なわれていることが語られていることに私はショックを受けた。ふたりが初めて出会ったのは一九五〇年代のタンジェだった。今だって旧市街の一角は猥雑で魔法じみていて私にとってはとても魅力的なのに、それならば五〇年代はどんなに素晴らしいところだったのか!? 不可逆性を憂うことはできても、取り戻すことはできない。

五年前、初めてタンジェのカスバにあるバーブ・アル・バハルBab Al Bahr（海の門）【P114～115地図A0】を抜けて、崩れかけた土手から夕陽の沈みゆく大西洋とヨーロッパ大陸を眺めていたとき、横で海岸を指差して「あそこにカジノができるんだってよ」という外国人観光客の声が聞こえて「えー、うそー!」と思った。あれから着々と工事は進み、今年海岸沿いを夜に歩いたら、まるでお台場! と言ったら言い過ぎかもしれないが、そんな人工的でクリーンで安全な雰囲気で「え、これがタンジェか?」という気持ちになった。二〇一八年にはカサブランカからタンジェまでのTGV（高速鉄道）が開通し、いずれは海底地下通路を通って、スペインまで繋げる計画もあるとか? タンジェはこれからさらに変わっていくことだろう。このことを四〇年以上タンジェに住んでいるアメリカ人のモハメド・ハムリ未亡人のブランカに話した。そうしたら彼女はふふと笑ってこう言った。「確かに昔のタンジェは魅力的だった。でもね、タンジェはいつも、その時（今）のあなたにとってのタンジェが、タンジェなのよ。私はいつも今のタンジェを愛している」。なるほど。実際、現在の国王ムハンマド六世は女性の地位を向上させ、経済政策においても国民から大変信頼を得ていると聞く。昔の方がよかったなんて嘆くのは外国人の勝手な異国趣味だとも言えるかもしれない。タンジェは生まれながらの特別な立地（ヨーロッパとアフリカの中継地点）なのだから、いつもその時代の混乱の中で変化しながらも息をし続けて行く運命の街なのだ。

▲工事中の海岸。向こうに見えるのはヨーロッパ大陸。（2013年撮影）

一九一二年、モロッコはフランスとスペインの保護領に分割され、地中海に面した港町タンジェはモロッコ王国が独立する一九五六年まで国際管理地域（インターナショナルゾーン）という特別なステータスを与えられた。フランス、スペイン、イギリス、イタリア、アメリカ、オランダ、ベルギー、ポルトガルの九カ国とモロッコ人、ユダヤ人が代表する委員会に統治されたタンジェはほとんど誰でも入ることができた。武器の密輸業者、大麻の売人、娼婦が我が物顔で歩いていたというが、まるで欧米人の掃き溜めと化したこの街が、一九五〇年代のビート詩人たちにとってはまさに「理想郷」だった。一九六〇年代以降もその残り香を求めてか、欧米からヒッピーやセレブが集結する。彼らの足跡を追って、現在のタンジェの街を歩いてみよう。

※「タンジール」（英語の発音に合わせて）とカタカナ表記することもあるが、本書では現地の人の呼び方に近い「タンジェ」（フランス語読み、アラビア語読みは「タンジャ」）というカタカナ表記を基本とする。

A ボウルズ・コース

▲カスバ地区から見る旧市街

アメリカの作曲家、作家のポール・ボウルズが初めてタンジェに足を踏み入れたのは一九三一年のことだった。作曲の師アーロン・コープランドと訪れたその時のことを彼はこう回想する。「バスの上には羊が積まれていてベエーベエーと泣いていた。『頭がどうかしそうだ』とコープランド。彼は本当に嫌がっていた。僕は狂喜したよ。まるで精神病院だった」ボウルズは一九四七年に再びタンジェに訪れ、その後幾度も旅には出たものの、生涯この地に定住した。最初に購入したのはタンジェ旧市街のカスバ近くプラース・アムラー Place Amrah の小さな家（当時なんと五〇〇ドル！）【A1】。その後一九五九年に引っ越し、約五〇年間住んだのがタンジェ新市街イムーブル・イテサ Immeuble Itesa の部屋【A2】、そして一九九九年心不全のため息を引き取ったのはタンジェのイタリア病院だった。遺体はアメリカに引き取られ、ニューヨークのレイクモント・セメタリーに埋葬された。現在、タンジェの旧アメリカ公使館 Tangier American Legation Institute【A3】にはポール・ボウルズ資料室があり、ボウルズが作曲に使用したキーボード、タイプライター、出版された書籍の数々、モロッコ音楽録音の旅の資料などが展示されている。モロッコ音楽といえば、タンジェではミュゼ・ドゥ・ラ・カスバ Museé de la Kasba（カスバ美術館）【A4】横のフィル・ドゥ・デトロワ Fils de Detroit（海峡の息子）【A5】という長細い部屋でアラブ・アンダルース音楽を、港からすぐの旧市街入り口の大砲のモニュメントの地下ダール・グナワ Dar Gnawa（グナワの家）【A6】でグナワを聴くことができる。

▲ボウルズが作曲に使用したキーボード。Ensoniq EPS-16（1991年以降製造されたモデルと見られる）

▲旧アメリカ公使館の入り口

B ビートニク・コース

パストゥール大通りの老舗ホテル・レンブラントHotel Rembrandt【B1】では、一九五三年にハムリが初個展、翌年にもガイシンが個展を開いた。その大通りを少し下り小道に入るとマジェラン通りがある。このまま下れば海岸までもう少しという今や崩れかけた廃墟も多く荒んだ雰囲気漂うこの一角は昔、娼婦街だったようだ。ヴィラ・ムニリアVilla Muniriaと呼ばれていて、かつてビートニクが集まった場所だった。

バロウズは一九五三年にタンジェに移住したが、彼が『裸のランチ』を書き上げたホテル・エル・ムニリアHotel El Muniria【B2】にはタンジェ・インTanger Inn【B3】という看板が二〇一七年現在もかかっている。タンジェ・インではボウルズに可愛がられた語り手で画家のモハメド・ムラーベトがバーテンをしていた。一九五七年、バロウズの誘いで、ジャック・ケルアック、アレン・ギンズバーグとピーター・オロフスキーがタンジェを訪問し、このホテルの部屋で原稿を見せ合ったり、屋上で楽しんだりしていたようだ。

▲バロウズが『裸のランチ』を書いたエル・ムニリアと併設バーのタンジェ・イン

バロウズはマルシャン地区でハムリとガイシンが経営していた「千夜一夜レストラン」を訪れ、ガイシンと親しくなっていた。現在、このレストランは見る影も無いが、近くで残っているのは一九二一年創業のカフェ・ハファCafé Hafa【B4】。大西洋を一望できるこのカフェもビート詩人たちにとってのお気に入りだった。モロッコ王国独立にともなって、タンジェでの外国人への取り締まりが厳しくなると、バロウズとガイシンは一九五八年にパリの通称「ビート・ホテル」へ移住。一九六三～四年に再びタンジェに戻ったバロウズは、マルシャン地区のララーシュ通り沿い【B5】に住んでいたらしい。六〇年代以降も度々モロッコを訪れ、生涯ジャジューカとタンジェを想ったガイシンの遺灰はタンジェのヘラクレスの洞窟Grottes d' Hercule【B6】周辺に撒かれた。

▶カフェ・ハファ。カフェという看板を掲げながらコーヒーなしミントティーのみなのは潔い。ビート詩人たちも大西洋をぼんやり眺めながら過ごしていたのだろう

C その他文学者たちコース

旧市街の複雑な路地は何度回ってもグルグル迷い混んでしまうが、そんな時はいつでもカフェで賑わうプティ・ソッコを目指せば位置を再確認できる。そんなプティ・ソッコにあるカフェ・セントラル Café Central【C1】でリフ出身の文学者モハメド・シュクリが、いつものように友人と時間をつぶしていた（モロッコ人はカフェで何をするわけでもなくいるのが好きなのだ）とき、一九六八年一一月にあのジャン・ジュネを見かけたという。ジュネは周りを見回してカフェ・ティンジス Café Tingis【C2】に入っていった。シュクリは近寄って「あの……、ジャン・ジュネさん……ですよね」と声をかけ、モロッコ文学がいかに困難かという話をして、ジュネがタンジェにいる間にまた会う約束をしたという（Mohamed Choukri "Jean Genet In Tangier"）。そんなシュクリ、今度は一九七三年七月カフェ・ドゥ・パリ Café de Paris【C3】でテネシー・ウィリアムズとも会話を交わしている。ここはボウルズも待ち合わせによく利用していたらしい（Mohamed Choukri "Tennessee Williams In Tangier"）。

カフェ・ドゥ・パリの交差点をパステトゥール通りに下る道の途中に一九四九年開業のコロンヌ書店 Librairie des Colonnes【C4】がある。フランスのガリマール社のアンテナショップとしてタンジェにオープンしたこの書店は、現在もタンジェの文化人たちにとっての文化的拠点として機能している。ジュネは原稿料を受け取るいわば銀行代わりに利用していたとか？　一九七八年にサミュエル・ベケットは海岸沿い【C5】を歩いているところを撮影されているし、一九四九年にトルーマン・カポーティがボウルズを訪ねている。

▲プティ・ソッコのカフェ・ティンジス

▼カフェ・ティンジスに座るジャン・ジュネ目線の写真。左手のカフェ・セントラルから近づいてくるシュクリが……。

▲パストゥール通り沿いのコロンヌ書店。

D ストーンズ・コース

一九六六年と一九六八年にブライアン・ジョーンズ御一行が泊まった、当時タンジェで最も高級だったエル・ミンザ・ホテルEl Minzah Hotel【D1】は、プールやバーが併設された英国式のホテル。周辺にはヨーロッパの看板のお菓子屋やパン屋【D2】、ギャラリー【D3】が並び、インターゾーン時代の名残を感じさせる。一九八九年にミック・ジャガー、キース・リチャーズ、ロン・ウッドらがタンジェにやってきてマスター・ミュージシャンズ・オブ・ジャジューカとアルバム『スティール・ホイールズ』の「コンチネンタル・ドリフト」を録音したのは、カスバのパレス・ベン・アブーPalace Ben Abu【D4】だそうだ。

ストーンズのメンバーやパティ・スミスといったロック・ミュージシャンたちの写真が飾られているカフェ・ババCafé Baba【D5】は一九四三年に開業した旧市街では最も有名なカフェのひとつ。目の前にはバーバラ・ハットンの家、横にはカルミナ美術館。パーティに集まったヒッピーやセレブたちが夜な夜なこのカフェに流れてきたという。

▲リベルテ通り沿いのエル・ミンザ・ホテル。

▲エル・ミンザ・ホテル向かいにはアンスティチュ・フランセ母体のギャルリー・ドラクロワ。

◀第二次世界大戦中に水夫のためのレストランとして開業したカフェ・ババ。

E セレブ・コース

ジェット機や複数の大型ヨット、バイクや熱気球を所有し、豪華なライフスタイルで伝説となったアメリカの雑誌『フォーブス』の発行人マルコム・フォーブスがマルシャン地区に建てたフォーブス博物館Forbes Museum【E1】。現在は後継者が売却しモロッコ政府関係者の来客用の施設として使われている。アメリカのミリオネア、ウールワースの遺産相続人、恋多き孤独な女性バーバラ・ハットンもタンジェに魅せられ旧市街内のムーア式の邸宅シディ・ホスニDar Sidi Hosni【E2】を購入し豪邸でパーティを毎晩のように繰り広げたという。ピカソ、マックス・エルンスト、サルバドール・ダリ、ジョルジュ・ブラックの作品を所有するカルミナ美術館Musée de Carmen-Macein【E3】は、スペインの国王ホアン・カルロスI世とも親しかったスペイン人美術商の女性カルメン・マセインによって建てられたプライベートの美術館。現在は閉業中だがタンジェに在住の青年サイードが管理している。カルメンはタンジェにうろつくヒッピーやビートニクたちと過ごすのが好きだったらしい。ちなみにカルメンの所有するヨットはビートルズが買い取ったとか。

▲バーバラ・ハットンの邸宅シディ・ホスニ

◀カフェ・ババに貼られたポスター「タンジェ　スペイン図書館1941～1991　50周年」

タンジェと関わりのある有名人が列挙されているので書き出してみる。アンゲル・バスケス、アレン・ギンズバーグ、アンリ・マティス、ウィリアム・バロウズ、ポール&ジェーン・ボウルズ、モハメド五世、フアン・ゴイティソーロ、ベルナルド・ベルトルッチ、ホセ・タピロ、マリアノ・フォーチュニー、フリ・ラミス、シャルル・ド・フーコー、アントニオ・ガウディ、ルベン・ダリオ、カミーユ・サン=サーンス、アレクサンドル・ルニュー、ウジューヌ・ドラクロワ、モハメド・ムラーベト、ホセ・レルチュンディ、モハメド・シュクリ、ドミンゴ・バディア（アリ・ベイ）、ホセ・ルイス・サンペドロ、カイザー・ウィルヘルム二世、アブダッラー・ゲヌーン、マルケス・デ・コミジャス、ラファエル・アルベルティ、グレゴリオ・トリニダード・アブリネス、アルベルト・エスパーニャ、エスペランツァ・オレラーナ、マリア・ゲレーロ、マルガリータ・シルグ、フェデリコ・ガルシア・ロルカ、ホセ・ヘルナンデス、イサーク・ラレド、ジャン・ポトッキ、ヴィクトール・アルペリ、ジョン・サットクリフ、タハール・ベン・ジェルーン、ピエール・ロティ、ピオ・バローハ、エドモンド・ダミシス、クラウディオ・ブラーヴォ、ロラン・バルト、アーロン・コープランド、ジャン・ジュネ、バーバラ・ハットン、ミック・ジャガー、ジャック・ケルアック、ポール・モラン、フアン・マルク、ブライオン・ガイシン、ガートルード・スタイン、アレクサンドル・デュマ、ハンス・クリスチャン・アンデルセン、ニコライ・リムスキー＝コルサコフ、マーク・トゥエイン、ダニエル・デフォー、ジョン・ラヴェリー、ウィンストン・チャーチル、イアン・フレミング、ゴア・ヴィダル、トルーマン・カポーティ、テネシー・ウィリアムズ、エドガー・ウォーレス、エロール・フリン、マルグリット・マクベイ、ホレーショ・ネルソン、サミュエル・ピープス、ジャシン・バルダゲー、エンリコ・カルーソ、サミュエル・ベケット、ランディ・ウェストン、アルベルト・モラヴィア、ホアキン・トゥリーナ、イブン・バットゥータ、ブライアン・ジョーンズ、ホアン・ペーニャ・エル・レブリハノ、スティング

▲グラン・ソッコに面したシネマ・リフ。最新上映情報はこちら↓
www.cinemathequedetanger.com

F シネマ・コース

映画『シェルタリング・スカイ』の冒頭はアメリカから船でタンジェの港に到着したところから始まる。スペインのジブラルタル、アルヘシラス、グラナダからのフェリーは二〇〇七年に中心部から東にできたタンジェ・メド港The Port of Tangier MEDとの間で運行しているが、古くからあるのは旧市街からすぐのタンジェ・ヴィル港The Port of Tangier Ville【F1】で、現在ここからのフェリーはスペインのタリファとの間のみ運行している。旧市街入り口に位置するホテル・コンチネンタルHotel Continental【F2】は、モロッカン・スタイルの老舗ホテル。ベルトルッチ監督が撮影中滞在し、ここでロケも行われている。冒頭少し映る映画館はシネ・アルカサルCine Alcazar【F3】。かつてジャズ・ピアニストのランディ・ウェストンがその併設カフェをやっていたらしいシネマ・モーリタニアCinema Mauritania【F4】という映画館跡もあるが現在はもう使われていない。タンジェの最大の映画館はグラン・ソッコに面したシネマ・リフCinema Rif【F5】。モロッコ映画、フランス映画などを毎日上映している。カフェが併設されていて、オリジナル映画館グッズも売り出し中。ジム・ジャームッシュ監督『オンリー・ラヴァーズ・レフト・アライヴ』はタンジェ旧市街でロケが行われた。この映画に登場するカフェ「مقهى ألف ليلة وليلة Café Mille et Une Nuite(千夜一夜カフェ)」のシーンはカフェ・ババCafé Baba【F6】で看板を取り替えて撮影された。カフェ・ババの店主アブドゥガンニー・アウーフィさんは「うちのカフェはこの辺で最も古いカフェだよ。祖父の世代からやっていて、今は息子が手伝っている。タンジェはなんでも受け入れる街なんだ。ヨーロッパ人もアメリカ人もモロッコ人も、昔も今もみんな家族だよ」とやさしく語った。

▲映画『オンリー・ラヴァーズ・レフト・アライヴ』で使われた看板とカフェ・ババ店主のアブドゥガンニーさん

114

ジャジューカにさらに深入りするための زهجوكة

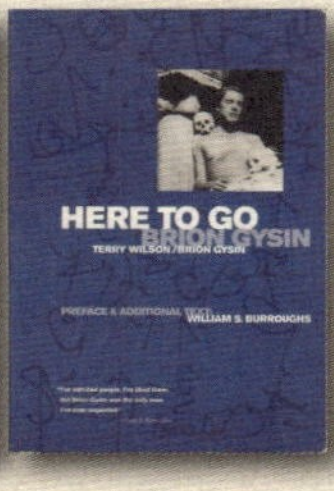

●ウィリアム・バロウズ、訳：飯田隆昭
爆発した切符
サンリオSF文庫 (1979)
●William S. Burroughs
The Ticket That Exploded
Grove Press (1987)

　ジャジューカ村が最初に書物に記述されたのはいつか？ 欧米人によるジャジューカ村発見の歴史は別項に譲るが、ここはバロウズがカットアップ技法で初めて書き、一九六二年に出版された『爆発した切符』から始めることにしよう。「モロッコの丘に立っていたらパンのパイプが聴こえてきた」という場面がある。二〇一四年ジャジューカ村で行われたバロウズ生誕百年祭で、フランク・リンは英語、山崎春美はその日本語訳を朗読した。中原昌也の愛読書でもあるこのサンリオSF文庫は入手困難。

●Brion Gysin
The Process
The Overlook Press (2005)
●Terry Wilson, Brion Gysin
Here to go Creation Books (2001)
●Edited by Jason Weiss
Back in No Time: The Brion Gysin Reader
Wesleyan University Press (2001)

　ガイシンの著書の日本語訳は出版されていないが、ジャジューカにとってはあまりにも重要な人物。"The Processe"にはジャジューカ礼賛、"Here to go"にも「まさにこれが自分が求めていた音楽だ」とテリー・ウィルソンに語る様子が残されている。"Back in No Time"にはブライアン・ジョーンズのレコードのライナー"Pipes of Pan"の全文（初出はアイラ・コーエン発行の雑誌"Gnouwa"一九六四年）が収められている。

●Timothy Leary
Jail Notes
New English Library (1972)
●ティモシー・リアリー、訳：山形浩生
『神経政治学』
リブロポート (1989)

　ジャジューカ体験者のリアリーが獄中で書いたノート。ブライアンのレコードのキャッチコピーとなった「四〇〇〇歳のロックンロール」の出典はここ（同名の章あり）！ 日本語でリアリーの獄中エッセイ、そして六〇年代アメリカ対抗文化について読むなら『神経政治学』。

●オルダス・ハクスレー、訳：河村錠一
知覚の扉
平凡社ライブラリー (1995)

　一九五四年に書かれたサイケデリック体験の手記。米西海岸のバンド、ドアーズによってあまりにも有名。ティモシー・リアリーを経由して、ジャジューカとアメリカのサイケデリック・カルチャーとの接点も見えてくる。

●ラム・ダス、ラマ・ファウンデーション、訳：吉福伸逸、上野圭一、プラブッダ
ビー・ヒア・ナウ
平川出版社 (1987)

　「ジャジューカはいつも「今」の音なんですよ！ 永遠の「今」！」と語る赤塚りえ子氏に教えていただいた本。

●マンディ・アフテル、編：鳥井賀句、訳：玉置悟
ブライアン・ジョーンズ：孤独な反逆者の肖像
シンコーミュージック (1983)

　表紙が合田佐和子によるブライアンの肖像画。ちなみに編者のガクさんも、いまは歌舞伎町の店も閉めたようだけど日本ロック史を飾るひとり。

●フランソワ・ボン、訳：國分俊宏、中島万紀子
ローリング・ストーンズ　ある伝記
現代思潮新社 (2006)

ブック&映画ガイド

渡邊未帆＋山崎春美＝文

※書誌情報等は筆者所有の版に準じる

約七八〇ページの大著。バンド結成からブライアンの死、オルタモントの悲劇という六〇年代に約六〇〇ページを割いている。そしてさらに貴重なのが巻末に、ストーンズに関するあらゆる評伝を網羅して評価まで下している(二段組十一頁!)選り抜きビブリオグラフィ。それにしてもそんなに何を書いたのかと思われた貴方、鋭い! 実はこの作者は日本での紹介こそ遅れているが、骨太な作風で高い評価を与えられている「現代仏文学で最も重要な作家の一人」だとか。春樹さんの好みでも無かろうから村上龍さん、ドアーズ伝記でも書いてみたら?

●プリンス・ルパート・ローウェンスタイン、訳:湯浅恵子
ローリング・ストーンズを経営する
河出書房新社(2015)
　湯浅学さんの奥方による翻訳。オールダムからクラインへと連なる「呪われたストーンズ周辺悪」の連鎖を断ち切った、なにしろ貴族! サー!

●**レコード・コレクターズ**
雑誌　二〇〇六年八月号　ブライアン・ジョーンズ特集　ミュージックマガジン
　映画『ブライアン・ジョーンズ　ストーンズから消えた男』の公開に合わせてブライアン特集が組まれた。だもんでほぼ日本人のみによる執筆、その功罪ともにあり。

●**ワン・プラス・ワン**
映画　監督:ジャン＝リュック・ゴダール(1968)
　日本公開は一九七八年。一九六八年三月から七月に撮影された。ブライアンはこの年の春にマラケシュにグナワ録音、夏にジャジューカ録音に行っている。

●**ブライアン・ジョーンズ　ストーンズから消えた男**
映画　監督:スティーヴン・ウーリー(2005)
　原題『Stoned』。日本公開二〇〇六年。一九六九年七月三日のブライアン謎の死から三七年を経てブライアン「他殺説」を描いた映画。

●川田順造
マグレブ紀行
中公新書(2007)
　アルジェリアで行われていたパン・アフリカン・フェスティバルに参加するため、ブライアンのジャジューカ来村の翌一九六九年にモロッコに滞在していた日本の人類学者の著書。

●間章
僕はランチに出かける
柏書房(1992)
　「ローリング・ストーンズにおけるブライアンとその影」(初出:『ZOO』一九七六年三月号採録。日本で最初に書かれたジャジューカについてのきちんとした記述は、この間章によるものだろう。ブライアンのレコードの日本盤発売(一九七九年)の三年前に書かれている。

●**遊　世界模型・亜時間**
雑誌　一九七九年一〇月号(一〇〇九号)工作舎
　間章亡き後、二一歳の山崎春美が秋山邦晴と見開きで担当したレコード紹介ページ"DISCLIPPIN"。ここで山崎はブライアンのジャジューカ日本盤を紹介している。

●Andrew Clandermond & Terence MacCarthy ***Hamri: The Painter of Morocco*** A Lawrence-Arnott Gallery Publication（2004）
ジャジューカ村出身の画家モハメド・ハムリの画集と年表。ハムリの死後に編まれた。

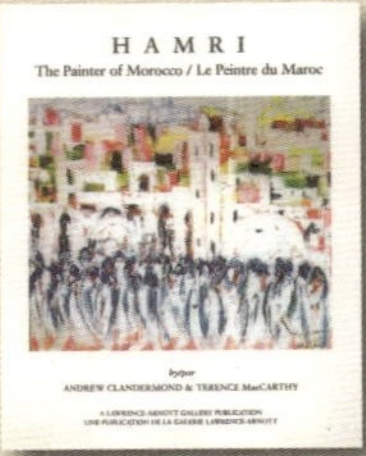

●Irene F. Day ***The Moroccan Cookbook*** Pelican（2000、初版1975）
ガイシンとハムリはタンジェに「千夜一夜レストラン」を開いたことで知られているが、ハムリは本当に料理上手で有名だったらしい。画家になる前はケーキ職人だったのだ。一九五八年にハムリと出会って、たくさんのモロッコ料理の神秘を授けられたという女性が出版したモロッコ料理の本。

●サラーム海上 **イスタンブールで朝食を オリエンタルグルメ旅** 双葉文庫（2016）
料理本つながりで。ジャジューカ・フェスに何度も参加し、本書でも料理記事を担当した音楽評論家にして料理研究家のサラーム海上氏。この本はジャジューカ村のマスターたちの奥方たち直伝のジャジューカの家庭料理「鰯と鯵のファルシ」のレシピと作り方が掲載されている。

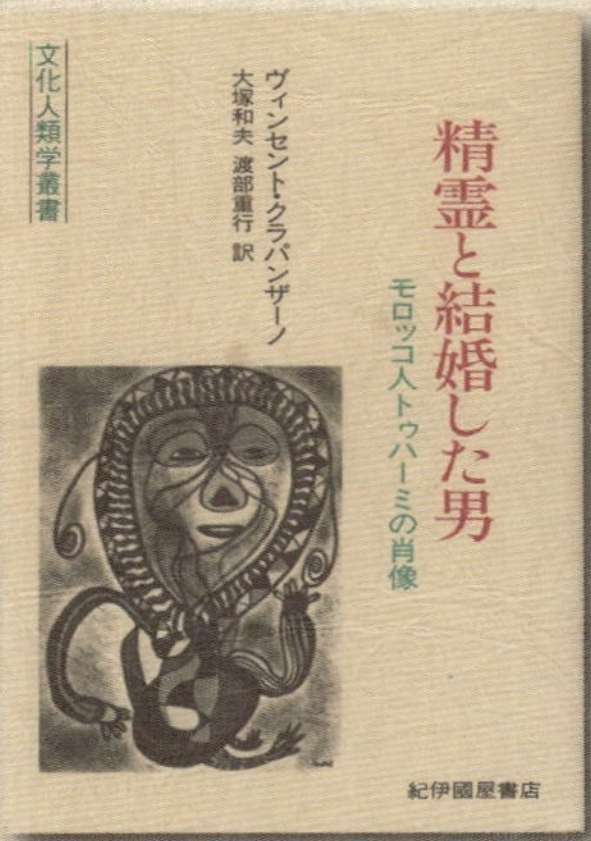

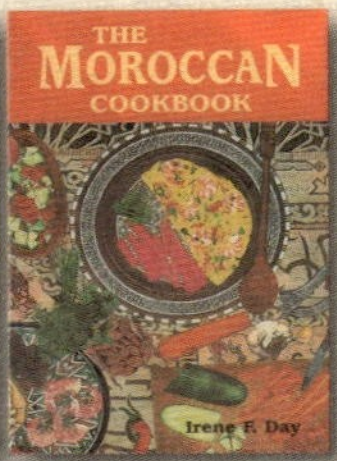

●ヴィンセント・クラパンザーノ、訳：大塚和夫、渡邊重行 **精霊と結婚した男** 紀伊国屋書店（1991）
ジャジューカ村の伝説で、ブージュルードに花嫁として差し出された狂女アイーシャ・カンディーシャ。女性の精霊アイーシャの存在はモロッコ中で伝えられていて、この本はそのアイーシャと結婚したと自称するモロッコの瓦職人トゥハーミへのインタビューを通じて、彼のライフヒストリー（とりわけ性生活）を人類学、精神分析の観点から綴った画期的な学術書。

●ポール・ボウルズ編、訳：越川芳明 **モロッコ幻想物語** 岩波書店（2013）
モロッコ人は嘘つきだ。私も何度も騙された。でもその嘘は、詐欺とは異なりまるで不思議な魔術を目の当たりにするかのようだ――そんなモロッコ人のホラ話、空想話をボウルズが英語で記述した、その邦訳。アフマド・ヤクービー、アブドゥッサラーム・ブライシュ、ラルビー・ライヤーシー、ムハンマド・ムラーベトといった、ボウルズが発見したモロッコ人屈指の語り部たちの物語が多数綴られている。

●**シェルタリング・スカイを書いた男 ポール・ボウルズの告白**

映画　監督：ジェニファー・バイチウォル(1998)
ムラーベトの語りとボウルズの翻訳の即興セッション?! が展開される。生前のボウルズ、バロウズ、シュクリも登場。

●シェルタリング・スカイ
映画　監督：ベルナルド・ベルトルッチ(1990)
モロッコと言えばこの風景を思い浮かべる人も多いかも。音楽は坂本龍一。バシール率いるThe Master Musicians of Jajoukaの音楽も一部使用されている。

●Paul Bowles
Days: A Tangier Diary
Harper Collins (2006)
ボウルズ、一九八七年から一九八九年の日記。ローリング・ストーンズのモロッコ滞在騒動についてもボウルズの視点で綴られている。

●ポール・ボウルズ、
編：四方田犬彦、越川芳明、訳：杉浦悦子、高橋雄一郎
ポール・ボウルズ作品集Ｖ：孤独の洗礼／無の近傍
白水社　(1994)
一九五〇年代の八つの旅行記。一九五九年のモロッコ音楽収集の旅の様子が「リフ、音楽に」「タセムシットへの道」に掲載。

●四方田犬彦
モロッコ流謫　新潮社(2000)
一九八九年にボウルズ『優雅な獲物』(新潮社)、一九九五年に『蜘蛛の家』(白水社)の日本語訳を刊行し、九〇年代日本での〝ボウルズ現象〟における重要人物・四方田氏のモロッコ・エッセイ。訳者とボウルズとの対話も興味深い。二〇〇〇年講談社エッセイ賞受賞作品。

●ユリイカ
雑誌　一九九四年三月号　ポール・ボウルズ特集　青土社
大里俊晴「極地でお茶を」に、ジャジューカに関する論考掲載。

●ジェイン・ボウルズ、
訳：清水みち
ふたりの真面目な女性
思潮社(1994)
ポール・ボウルズの妻ジェインの主著でポールとともにタンジェに移り住む以前の一九四三年に出版された。モロッコ人女性シェリファに入れあげて宝石や家屋などを明け渡し、大量の酒とマジューンの摂取などで失語症などの障害、精神錯乱……晩年はマラガの精神病院で過ごし、亡くなった。

●モハメド・シュクリ、
訳：奴田原睦明「裸足のパン」
編：今福龍太、沼野充義、四方田犬彦
世界文学のフロンティア（5）「私の謎」
岩波書店(1997)
モロッコ北東ナドール地方出身（母語はリフ訛りのベルベル語）のシュクリは、父親の虐待を逃れて二一歳で小学校で正則アラビア語の読み書きを学び、『裸足のパン』をアラビア語で書き上げた。一九七三年にボウルズにより英訳、仏訳出版されたが、モロッコ国内ではその赤裸々な性やドラッグの描写ゆえ発禁書となったそう。

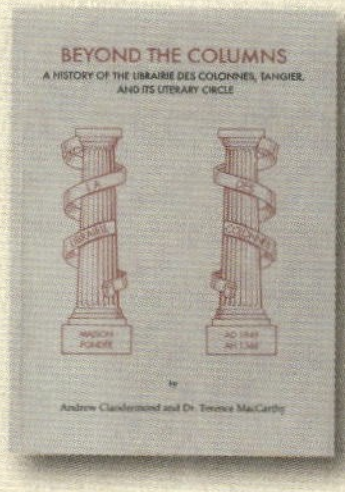

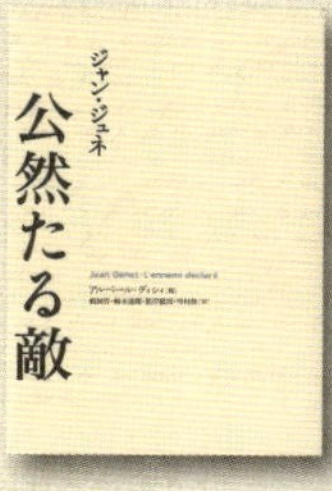

●Mohamed Choukri
Translation: Paul Bowles, Gretchen Head
In Tangier
Telegram (2010)
一九六八年のジャン・ジュネ、一九七三年のテネシー・ウィリアムス、そしてボウルズのタンジェでの様子がシュクリの視点で書かれている。

●Andrew Clandermond and Dr.Terence MacCarthy
Beyond The Columns: A History of The Librairie des Colonnes, Tangier, and Its Literary Circle
The Black Eagle Press (2013)
一九四九年創業のコロンヌ書店についての冊子。書店の歴史とともにタンジェに集まった文学者たちについて記述されている。

●ジャン・ジュネ、
訳：鵜飼哲、梅木達郎、根岸徹郎、岑村傑
公然たる敵　月曜社(2011)
一九六七年に自殺未遂をしたジャン・ジュネは、極東旅行ののちモロッコへ寄り、その後パリ五月革命に参加し、移民労働者たち、パレスチナ人たち、アメリカ黒人たちと共に政治活動に傾倒していく。ジュネの政治的テクスト「公然たる敵を求む！」が書かれたのは一九七〇年のタンジェで、ガイシンとのやりとりが元になっていたという。

●ダニエル・ロンドー、
訳：北代美和子
タンジール、海のざわめき
河出書房新社(1993)
フランスのジャーナリストがボウルズ取材のためタンジェに赴いたときの手記。ジャジューカ村に訪れてバシールと会話を交わす様子が記されている。

●ミシェル・グリーン、
訳：新井潤美、太田昭子、小林宜子、平川節子
地の果ての夢、タンジール——ボウルズと異境の文学者たち

河出書房新社（1994）
　アメリカのジャーナリストによる本書は一九五〇～六〇年代タンジェでの、ボウルズ夫婦やガイシン、バロウズ、ギンズバーグをめぐる噂話、当時のタンジェの喧騒が綴られている。

●スーザン・ソンタグ、
編：デヴィッド・リーフ、
訳：木幡和枝
こころは体につられて
河出書房新社（2013）
　一九六五年、タンジェのボウルズ夫妻を訪ねたソンタグの日記。

●Josh Shoemake
Tangier: A literary Guide for Travelers
I.B. Tauris（2013）
　タンジェに三年滞在しボウルズやシュクリと交流を持ち、その後マラケシュのアメリカン・スクールで文学教師をした筆者によるタンジェ文学ガイド。

●**オンリー・ラヴァーズ・レフト・アライヴ**
映画　監督：ジム・ジャームッシュ（2013）
　タンジェ旧市街やカフェ・ババでもロケが行われたジャームッシュの映画。

●ウィリアム・バロウズ、
訳：鮎川信夫
裸のランチ
河出書房新社（1992）
　タンジェのホテル、エル・ムニリアで書き上げられた。

●大竹伸朗
カスバの男―モロッコ旅日記
求龍社（1994）
　大竹伸朗スケッチや写真満載のモロッコ日記。

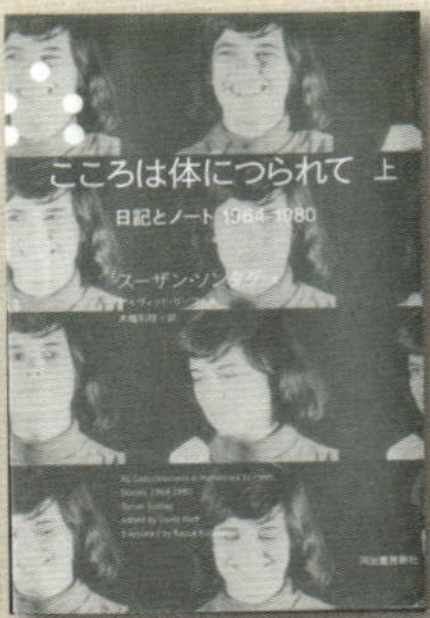

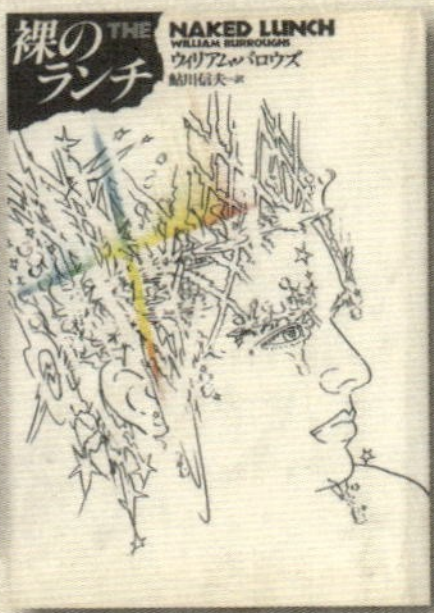

●戌井昭人
ゼンマイ　集英社（2017）
　本書にエッセイを寄せている戌井昭人氏による日本初のジャジューカ文学！

●イブン・バットゥータ、
訳：前嶋信次
三大陸周遊記　角川文庫（1989）
　タンジェ国際空港や通りや大学の名前にもなっているイブン・バットゥータは、一三〇四年タンジェ生まれの旅行家。三〇年かけて北アフリカ、西アフリカ、ヨーロッパ、中東、アジアを周った。

●井筒俊彦
神秘哲学　ギリシアの部
慶應義塾大学出版（2010）
　コーラン全訳で知られるイスラム学者にして神秘主義哲学者、井筒俊彦の一九四九年刊行の代表作『神秘哲学』。哲学、文学、宗教の発生は「憑依」であり、ギリシャのディオニソスの神が西欧神秘主義の発端だと述べている。ジャジューカのブージュルードについて井筒先生に伺ってみたかった！

●編著：イドリース・シャー
訳：美沢真之介
スーフィーの物語
平河出版社（1996）
ペルシャ、アラブ、トルコな

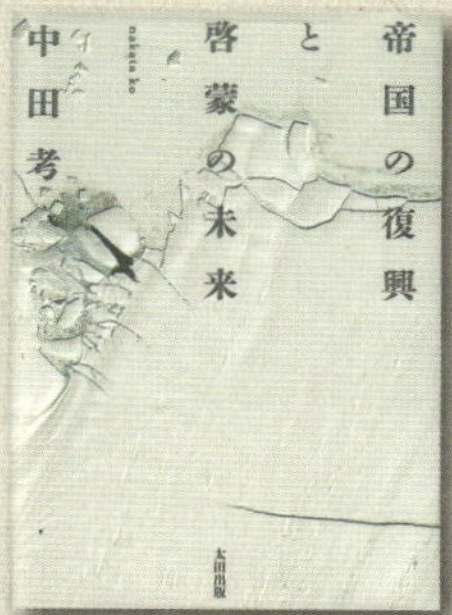

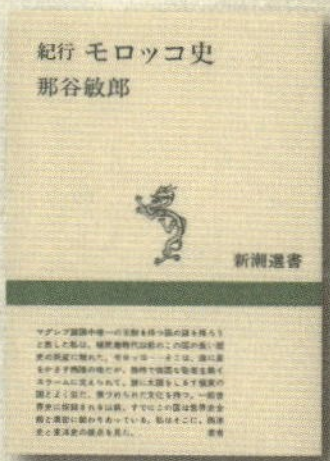

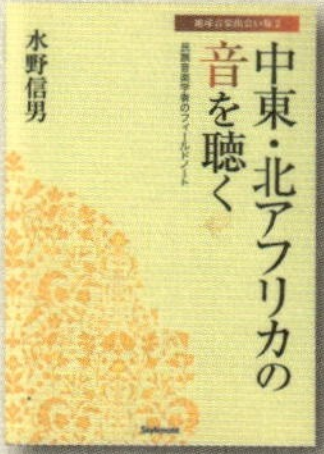

どのスーフィー教団で口頭伝承されてきた教えが収められている。自販機雑誌『Jam』『HEAVEN』の立役者であり、九八年に四七才で早逝した故・美沢真之介氏の直感力と魔力が、二〇年を経て今回の日本初ジャジューカ本に繋がっていると言えよう。

●那谷敏郎
紀行モロッコ史
新潮社(1984)
「モロッコに西洋史と東洋史の接点を見た」と語る著者が、史跡を巡りながらモロッコの王朝史を辿っている。

●ミシェル・ウエルベック、訳・大塚桃
服従
河出書房新社(2015)
"二〇二二年にフランスにイスラム政権誕生!?"と謳ったベストセラー小説。

●中田考
帝国の復興と啓蒙の未来
太田出版(2017)
現在、イスラームは他人事ではない。

●新井裕子
イスラムと音楽
スタイルノート(2015)
イスラムは音楽を忌避しているのか? ギリシャからアラブへ、音楽史の連続性が綴られている。

●水野信男
中東・北アフリカの音を聴く
スタイルノート(2008)
エジプト、モロッコ、チュニジア、トルコ、イスラエル、イラクなど地中海沿岸の諸地域の、古典音楽、宗教音楽、民謡のフィールドワーク。

●サラーム海上
21世紀中東音楽ジャーナル
アルテスパブリッシング(2012)
エジプト革命の現場に居合わせたサラーム氏による、二〇〇二年から二〇一一年までの音楽紀行書。中東音楽CDガイド付!

●***Maghreb Sharit Mix***
No.5(2017)
モロッコ各地のテープ音源を集めたカセット付きZINE。フランク・リンのインタビュー掲載!

●Mehenna Mahfoufi
Musiques du monde berbère
IBIS Press(2008)
アルジェリアのカビール族の音楽研究が専門のフランス人民族音楽学者による、ベルベルの音楽の採譜と音源を集めた解説書。CD付。バルトークの採譜も載ってる。※仏語

●サラーム海上
SouQ Vol.7「JOUJOUKA ふたたび」特集 クロコ(2017)
まだ手に取っていないけれど、入稿ギリギリで書影いただいたサラームさんのZine「SouQ」。最新刊は来日記念ブージュルード表紙の「JOUJOUKA ふたたび」特集! 袋とじがあるとか!?

【土地】

インターナショナルゾーン　国際管理地域。貿易拠点を奪い合っていた複数の国が、主権はもとの国に残しながら、共同で委員会などを作って行政を運営する地域。タンジェとその周辺272平方kmは1923年から1956年まで国際管理地域となった。

カサブランカ　الدار البيضاء　モロッコ最大の都市。首都ラバトの南西に位置し、大西洋に面する。「白い家」という意味。

カスバ　قصبة　城壁に囲まれた居住地区。タンジェでは旧市街の北端にある。

クサール・エル・ケビール　القصر الكبير　ジャジューカ村最寄りの駅。タンジェから国鉄で約30分。「大きな城」の意味。

タンジェ　طنجة　モロッコ北部、ジブラルタル海峡に面した都市。アラビア語でタンジャ、フランス語でタンジェ、スペイン語でタンヘル、英語でタンジール。

スーク　سوق　市場。

ハディーカ　حديقة　公園。庭。

ハマーム　حمام　公衆浴場。トイレ。

マガーラ　مغارة　洞窟。

マグリブ　مغرب　日が沈むところ。西。モロッコ、チュニジア、西サハラといった北アフリカ北西部に位置するアラブ諸国を指す。モロッコ王国のアラビア語正式名称「アル＝マムルカ・アル＝マグリビーヤالمملكة المغربية」（西の王国の意）。

マドラサ　مدرسة　学校。ジャジューカ村では村に唯一ある小学校のことを「マドラサ」と呼んでいる。

メディナ　مدينة　町。モロッコでは旧市街のことを指す。

ラバト　الرباط　モロッコ王国の首都。大西洋に面している。「駐屯所」の意味。

リヤド　رياض　中庭を取り囲むように部屋が配置されたモロッコ様式の邸宅。リノベーションして観光客用の宿泊施設として使われている。

【衣】

カフタン　قفطان　長袖・丈長の衣服。時代、地域によって形や着る人の性が違うが、モロッコでは女性が着る丸首、長袖、丈長、スリットの入ったドレスを指す。首元や袖に刺繍が施されている。

ジェラバ　جلابة　モロッコの伝統的な長袖丈長のフード付きの衣服。男性用も女性用もある。冬用は羊毛、夏用は綿でできている。

タギーヤ　طاقية　イスラームの国々で用いられる布製、またはニット製の男性用の帽子。

ターバン　アラビア語ではイマーマعمامة。ジャジューカのマスターたちは正装で演奏するときターバンを頭に巻く。

バブーシュ　بابوش　モロッコの伝統的な履物。山羊、羊、牛、ラクダなどの革を素材にしている。

ヒジャブ　حجاب　「覆う」という意味。女性が被る布のこと。

【食】

キフ　كيف　大麻。粉状。

クスクス　كسكس　デュラム小麦粉でつくる粒状の食材。蒸して大皿に盛って野菜や肉を煮込んだスープをかける。金曜日に家族で集まって食べる。

ケフタ　كفتة　肉団子。牛肉、ラムなどのひき肉にスパイスを加えて丸めたり平たく形を作って調理される。

タジン　طاجين　土鍋。鍋料理。

ハシシ　حشيش　大麻。樹脂状。

ハリラ　حريرة　モロッコの伝統的なスープ。たまねぎ、トマト、豆、パスタ、スパイス、肉（鶏、羊、牛）などを煮込んだもの。

フール　فول　豆。

フルン　حر　熱、釜。

ホブズ　خبز　パン。

マジューン　معجون　練り物一般。大麻と何かを混ぜたジャム状のものを指すときもある。

【信仰】

アッラー الله　イスラームにおける唯一神の呼称。

アイーシャ・カンディーシャ عيشة قنديشة　モロッコの神話に登場する女性の精霊。ジャジューカではブージュルードに花嫁として差し出された狂女として伝えられている。アイーシャ・ホモルカと呼ばれることもある。

アザーン أذان　イスラームの礼拝の呼びかけ。

イスラーム إسلام　「(神への) 絶対服従」の意で、唯一神アッラーとその使徒ムハンマドを信じ、聖典クルアーンの教えに従って生きることを意味する。

イード・アル＝フィトル عيد الفطر　ラマダーン月、断食の終了を祝うお祭り。

イード・アル＝アドハー عيد الأضحى　イブラーヒムが息子イスマーイールを進んで神に犠牲として捧げたことを記念する日。ヒジュラ暦の巡礼月10日に行う。モロッコでは「エイド・エル＝ケビール عيد الكبير 大きな祭り」と呼ばれる。

カリフ خليفة　預言者ムハンマド亡き後のイスラーム共同体、イスラーム国家の指導者、最高権威者の称号。

キブラ قبلة　ムスリムが一日五回礼拝を行うメッカの方角。

クルアーン قرآن　イスラームの聖典。神から預言者ムハンマドに下された啓示。「詠唱するもの」という意味をもつ。

五行　ムスリムに義務として課せられた五つの行い。信仰告白 (シャハーダ) 、礼拝 (サラート) 、喜捨 (ザカート) 、断食 (サウム) 、巡礼 (ハッジ) 。

シーア派 الشيعة　コーラン、預言者ムハンマドの教えに加えて、血縁者である娘婿アリーとその子孫であるイマーム (最高指導者) の言行を拠りどころとする宗派。

ジン جنّ　アラブ世界の精霊、魔人など超自然的な生き物の総称。ジンに取り憑かれた者は「マジュヌーン」(狂人) と呼ばれる。

スルタン سلطان　イスラームの君主の称号。権力 (者) を意味する。

スンニ派 السنة　コーランと預言者ムハンマドの教えを拠りどころにする宗派。イスラーム世界で圧倒的多数を占める。

ハッジ حجّ　ムスリムの基本的な義務のひとつである聖地メッカへの巡礼のこと。

バラカ بركة　神に由来する聖なる力、恵み。神と直接的に関わる祝福、その内容は抽象的。

ハラーム حرام　イスラームで禁止されているもの。

ハラール حلال　イスラームで許されているもの。食べることが許されている食材や料理を指す。

ヒジュラ暦 هجري　イスラーム社会で使われている暦法で太陰暦。1カ月が29日の月と30日の月を概ね交互に繰り返す。1年が354日となるので、西暦 (太陰暦) とは1年で11日ほどずれる。

ブージュルード بو جلود　ジャジューカ村で祀られる半人半獣。山羊の皮をかぶった男。

マーレム معلم　先生。モロッコでは職人や芸術の師のことも指し、ジャジューカの楽師を「マスター」と呼ぶのもこの言葉から来ている。複数形はマレミーンمعلمون。マスター・ミュージシャンズ・オブ・ジャジューカは「マレミーン・ジャジューカ」。

ムスリム مسلم　(神に) 服従する者。

モスク　アラビア語ではマスジドمسجدイスラームの礼拝堂。

ラマダーン رمضان　ヒジュラ暦の9月。この月の日の出から日没までの間、ムスリムは断食を行う。

六信　ムスリムが信じなければならない六つの信仰箇条。唯一全能の神 (アッラーフ) 、天使の存在 (マラーイカ) 、啓典 (神の啓示、キターブ) 、使徒・預言者 (ラスール) 来世の存在 (アーヒラ) 、定命 (カダル) 。

1980	イラン・イラク戦争開始。イギリス人リッキ・スタインのプロデュースで、マスター・ミュージシャンズ・オブ・ジャジューカ演奏旅行。スペイン、フランス、オランダ、アイルランド、イギリスを3カ月で回った
1981	マスター・ミュージシャンズ・オブ・ジャジューカのリーダー、ハージ・アブドゥッサラーム・アッタール死去
1986	ガイシン死去（タンジェのヘラクレス岩周辺に、ハムリ、ボウルズ、シュクリらによって散骨)。ジャン・ジュネ死去（ララーシュのスペイン人墓地に埋葬）
1987	ヤクービー死去。マラケシュ在住性転換手術専門フランス人医師ジョルジュ・ビュルー死去。ターハル・ベン＝ジェルーン『聖なる夜』モロッコ人作家として初ゴンクール賞受賞
1989	CDローリング・ストーンズ『スティール・ホイールズ』リリース。バシール・アッタール、アメリカの写真家チェリー・ナッティングと結婚、ニューヨークで活動開始。
1990	CD『イン・ニューヨーク』（バシールとエリオット・シャープの共演）リリース。ボウルズ原作、ベルナルド・ベルトルッチ監督の映画『シェルタリング・スカイ』公開
1991	ハムリ、マスター・ミュージシャンズ・オブ・ジャジューカ、イタリア演奏旅行
1992	フランク・リンの招きで、ハムリとマスター・ミュージシャンズ・オブ・ジャジューカ、アイルランド来訪
1994	ハムリ、リンをジャジューカ村に案内
1995	CD『ブライアン・ジョーンズ・プレゼンツ・ザ・パイプス・オブ・パン・アット・ジャジューカ』リリース。CD『ジャジューカ・ブラック・アイズ』リリース。ニューヨーク、リンカーンセンターでボウルズのコンサートが開かれ、ボウルズ自身も出席
1997	ギンズバーグ死去。バロウズ死去
1999	ハサン2世死去、モハメド6世が新国王に即位。ボウルズ死去(ニューヨークの墓地に埋葬)
2000	ハムリ死去（ジャジューカ村の墓地に埋葬）
2003	シュクリ死去（タンジェの墓地に埋葬)。『ジャジューカの伝説』第2版刊行。カサブランカで自爆テロ事件発生。ジャジューカ村に電気開通
2004	モロッコ、「新家族法」成立。女性の婚姻可能年齢が18歳に引き上げられ、一夫多妻制についても厳しい基準
2006	マスター・ミュージシャンズ・オブ・ジャジューカ、ポルトのTRAMAフェス出演。CD『ブージュルード』リリース
2008	ブライアン来村40周年記念第1回ジャジューカ・フェス、ジャジューカ村で開催（以後毎年開催）
2011	マスター・ミュージシャンズ・オブ・ジャジューカ、グラストンベリー・フェスに出演
2013	マスター・ミュージシャンズ・オブ・ジャジューカ、ローマ「ヴィラ・アパルタ・フェス」に出演
2014	ジャジューカ・フェス会期中にバロウズ生誕100年記念朗読会開催
2015	コールマン死去
2016	マスター・ミュージシャンズ・オブ・ジャジューカ、パリ、ポンピドゥー・センター「ビート・ジェネレーション展」で公演
2017	日本で初のジャジューカ本発売。マスター・ミュージシャンズ・オブ・ジャジューカ初来日（予定）
2018	ブライアン・ジョーンズ来村50周年記念ジャジューカ・フェス開催（予定）

1957	モハメド５世、国王となりスルタン号廃止。スペイン、南部保護領をモロッコへ返還
1958	タンジェでヨーロッパ人居住者の逮捕が相次ぐ。ガイシン、ハムリ「千夜一夜レストラン」閉業。ガイシン、バロウズパリに移住し「ビート・ホテル」で共同生活を始める
1959	バロウズ『裸のランチ』発表。ボウルズ、ロックフェラー財団の援助でクリストファー・ウォンクリンとモハメド・ラルビーと６カ月間モロッコ音楽の録音採集旅行へ
1961	ムハンマド５世死去。ハサン２世が国王に即位。イスラーム教が国教に。アレン・ギンズバーグとグレゴリー・コーソ、タンジェ訪問。アメリカの詩人アイラ・コーエン、タンジェ移住。ガイシンとエンジニアのイアン・ゾマーヴィルトが共同で「ドリームマシーン」制作。ティモシー・リアリー、タンジェ訪問
1962	モロッコ憲法発布。立憲君主制国家へと移行。ローリング・ストーンズ、ロンドンで結成。バロウズ、ロンドンに移住
1963	バロウズ再びタンジェ移住
1964	スーザン・ソンタグ、タンジェ訪問。ガイシン、タンジェ再訪、その後も度々訪れる。バロウズ、ニューヨークに移住
1966	ハムリ「千夜一夜レストラン」アシラで開業。ブライアン、古物商クリストファー・ギブス、アニタ・パレンバーグとタンジェ旅行
1967	ブライアン、アニタ、ミック、キース、トム・キーロック（ストーンズのロード・マネージャー）他とマラケシュ旅行。ブライアン、アニタとの決別。ブライアン、大麻所持の容疑で逮捕。『JILALA』（アイラ・コーエンのタンジェ自宅でのパーティで、ジララの儀式をガイシンとボウルズが録音した）がアメリカのトランス・レコードから発売
1968	ブライアン、ガイシン、スキ・ポワティエ、ジョージ・チキアンツ（エンジニア）ジャジューカ村訪問、録音。ブライアン、サセックス州のコッチフォード・ファーム（A. A.ミルンがかつて住んでいた家）購入
1969	ミック、キース、チャーリーがブライアンにストーンズ脱退を申し入れる。ブライアン死去（イギリス、チェルトナムの墓地に埋葬）。
1971	LPブライアン・ジョーンズ・プレゼンツ『ザ・パイプス・オブ・パン・アット・ジャジューカ』リリース
1972	ボウルズ1959年のモロッコ現地録音のLP『ミュージック・オブ・モロッコ』リリース
1973	オーネット・コールマン、バロウズら、ハムリの案内でジャジューカ村を来訪。カルーセル麻紀、モロッコで性転換手術。テネシー・ウィリアムズ、タンジェ訪問。ジェイン・ボウルズ、マラガで死去（マラガの墓地に埋葬）
1974	LP『ザ・プライマル・エナジー…』、『トライブ・アハル・セリフ』リリース。シュクリ『裸足のパン』『タンジェのジャン・ジュネ』ボウルズの英訳で刊行。ハムリ、アメリカ人女性ブランカと結婚。バロウズ、ニューヨーク移住
1975	ハムリ『ジャジューカの伝説』刊行。モロッコ、西サハラ併合運動として非武装越境大行進「緑の行進」
1977	LP『ダンシング・イン・ユア・ヘッド』（コールマンとジャジューカの共演）リリース
1978	LP『ル・リフ』リリース
1979	シュクリ『タンジェのテネシー・ウィリアムズ』ボウルズの英訳で刊行。ブライアン『パイプス・オブ・パン・アット・ジャジューカ』東芝EMIより日本盤発売

1910	フランス軍、フェズ入城。ポール・ボウルズ、アメリカのロング・アイランドで生まれる
1911	第二次モロッコ事件。ドイツ、ウィルヘルム２世が軍艦をモロッコに送りフランスを威圧
1912	モロッコ、フランスの植民地化・保護領となる。セウタやメリリャに接する北部とスペイン領サハラに接する南部はスペイン保護領となる。首都ラバト。ライスーニ、スペイン政府に捕らえられる
1914	第一次世界大戦勃発。ウィリアム・バロウズ、セントルイスで生まれる
1916	ブライオン・ガイシン、イングランドのバッキンガムシャーで生まれる
1917	ジェイン・アウアー（のちのジェイン・ボウルズ）ニューヨークで生まれる
1920	アブド・アルカリームが、スペイン領モロッコ、リフ地方で反乱。リフ共和国の建国を宣言
1923	タンジェとその周辺373平方km、列強による国際管理地域（インターナショナルゾーン）となる。タンジェには国際立法議会が設置され、議員はそれぞれの国の領事が任命したフランス人、スペイン人、イギリス人、イタリア人、アメリカ人、オランダ人、ベルギー人、ポルトガル人、モロッコ人、ユダヤ人で構成
1925	リフ共和国、スペイン軍とフランス軍に敗れ崩壊。ライスーニ死去
1927	モハメド５世登位
1928	アハメド・ヤクービー、フェズで生まれる
1930	ベルベル勅令。アラブ人とベルベル人の分割統治が進む。反仏勢力拡大
1931	ボウルズ、作曲家アーロン・コープランドと初めてタンジェを訪問する
1932	モハメド・ハムリ、クサール・エル・ケービルで生まれる
1935	モハメド・シュクリ、ナドールで生まれる
1936	北モロッコのスペイン軍ビダル将軍が、スペイン人民政府に反乱したことにより、スペイン内戦の反乱軍の拠点となった。フランコ軍には多数のモロッコ人が加わった
1938	ボウルズ、ジェイン・アウアーと結婚
1939	第二次世界大戦勃発
1942	ブライアン・ジョーンズ、イギリスのチェルトナムで生まれる。連合軍がモロッコに上陸
1943	モロッコ、イスティクラール党（独立党）結成
1947	ボウルズ、タンジェへ渡り、永住の地と決める。ボウルズ、フェズでヤクービーと出会う
1949	ボウルズ、ハムリと出会う。『シェルタリング・スカイ』ロンドン、ニューヨークで刊行
1950	ブライオン・ガイシン、ボウルズに誘われてタンジェ訪問、ハムリと親しくなり、ジャジューカ村へ。ジャジューカ村に小学校建立
1951	ヤクービー初の個展、タンジェのコロンヌ書店で開催。ガイシン、ハムリのために絵の具やキャンパスを購入。ボウルズ、ガイシンとともにサハラ砂漠旅行
1952	ボウルズ、ヤクービーが語る話をモロッコ語から英語に訳し始め、ともにインド旅行。ボウルズ、スリランカのタプロバネ島購入。バロウズ、妻を誤射、逮捕
1953	モハメド５世追放。バロウズ、タンジェに移住。ハムリ、テトゥアン、マラケシュで初の個展
1954	ガイシン、ハムリ、タンジェに「千夜一夜レストラン」開業。ガイシン、レンブラント・ホテルのギャラリーで展覧会開催
1955	ボウルズ、テープレコーダーを購入。モロッコにテープレコーダーが入ってきたのはこの年
1956	モロッコ王国、フランスから独立。スペインはセウタ、メリリャ、イフニの飛び地領とモロッコ南部の保護領を除いてスペイン領の領有権放棄。モロッコと日本国交を結ぶ。ボウルズ、タンジェでバロウズをガイシンに紹介

ジャジューカ〜モロッコ史略年表

リフ山脈の土地に根づき、長い歳月受け継がれてきたジャジューカの音楽。その源流を遡り、ベルベル人出現から現在までのジャジューカとモロッコの歴史に思いを馳せてみよう。

紀元前5000頃	ベルベル人、現在のモロッコに出現
紀元前2500頃	モロッコにおける人類初の旧住居
紀元前1200頃	モロッコ沿岸部にフェニキア人到来
紀元前600-146	カルタゴ人がメリラ、ティンジス（タンジェ）、アシラに港を建設
紀元前42	ローマ人がセウファ、ティンジス、サラ及びボルヴィリスを占領
439	ヴァンダル族、北アフリカを征服
610	ムハンマド、唯一神アッラーに啓示を受ける
668	アラブ人、モロッコ征服
740	モロッコ人、イスラーム教改宗始まる
788	イスラーム教徒による初めての王朝イドリース朝、フェズに建国
953	ファーティマ朝のジャウハル将軍のモロッコ侵入
973	後ウマイヤ朝のガーリブ将軍のモロッコ侵入
985	イドリース朝滅亡
1069	ムラービト朝勢力がフェズを襲う
1106	マラケシュが首都になる
1130	ムワッヒド朝成立
1147	ムワッヒド朝、リビア西部までの北アフリカとスペインを征服。マラケシュとセビージャに首都を置き、スペインとモロッコの間で文化交流深まる
1269	マリーン朝がフェズを首都にする
1355	イブン・バットゥータ『三大陸周遊紀』執筆
1415	ポルトガル、セウタ占領。
1492	グラナダ王国の滅亡。スペインから多数のイスラム教徒、ユダヤ教徒がモロッコへ移住
15世紀末	この頃、聖人シディ・アハメド・シェイクがジャジューカ村来訪
1525	シャリーフ（ムハンマドの血統）を名乗るサアド朝、マラケシュに建国
1600	モロッコ各地で聖者、修養所勢力が拡大
1669	アラウイー朝勢力がマラケシュ占領
1672	アラウイー朝、メクネスを首都にする
1704	イギリスがジブラルタル保有
1787	モロッコとアメリカ、国交を結ぶ
19世紀頃	この頃ジャジューカの音楽が、マラケシュやフェズのスルタンのために演奏されたと伝えられている
1830	フランスがアルジェリア占領
1881	フランスがチュニジア占領
19世紀末	テトゥアン生まれのスルタン、ムーライ・アハメド・ライスーニがジャジューカをリフ地方のキャンペーンに活用したという記録あり
1905	第一次モロッコ事件。フランスのモロッコ進出に対してドイツのウィルヘルム２世が抗議のためタンジェ訪問

参考文献（ブックガイド掲載以外）

宗教

安藤礼二、若松英輔他（2014）『井筒俊彦　言語の根源と哲学の発生』河出書房新社
井筒俊彦（1980）『イスラーム哲学の原像』岩波書店
内澤旬子（2011）『世界屠畜紀行』角川文庫
大塚和夫他（2002）『岩波　イスラーム辞典』岩波書店
内藤正典（2016）『となりのイスラム』ミシマ社
中田香織、下村佳州紀訳（2014）『日亜対訳　クルアーン「付」訳解と正統十読誦注解』中田考監修、黎明イスラーム学術・文化振興会責任編集、作品社
ハシム、ユミ・ズハニス・ハスユン編著（2014）『ハラルをよく知るために』岡野俊介、森林高志、新井卓治訳、日本マレーシア協会
三田了一訳・注解（1982）『聖クルアーン―日亜対訳・注解』日本ムスリム協会

言語

石原忠佳（2000）『モロッコ・アラビア語』大学書林
本田孝一、石原忠佳（1997）『パスポート　初級アラビア語辞典』白水社

衣服・住居

フラウデマン、ケース『世界の民族と生活８　アラブ世界』米山俊直訳、ぎょうせい1980
市田ひろみ（1999）『世界の衣装をたずねて』淡交社
丹野郁（2006）『世界の民族衣装の事典』東京堂出版
リーフ・アナワルト、パトリシア（2011）『世界の民族衣装文化図鑑　2』蔵持不三也訳、柊風舎

モロッコ

私市正年、佐藤健太郎他（2007）『モロッコを知るための65章　エリアスタディーズ』明石書店
Roca, Juan Ramon "*Tangier and its surroundings Assilah and Chefchaouen*" J. R. Roca, 2011
Suwaed, Muhammad "Historical Dictionary of the Bedouins" Rowman & Littlefield, 2015

ジャジューカ

大里俊晴（1994）「極地でお茶を　ポール・ボウルズと音楽を巡るディヴェルティメント」『ユリイカ』1994年3月号、青土社
小林由明(1995)「ジャジューカひとり旅」『ミュージックマガジン』1995年12月号、ミュージックマガジン
小林由明（1996）「駆け足モロッコ・アート・レポート　アーティストを魅了するタンジェの町から」『美術手帖』1996年6月号、美術出版社
小林由明（2006）「ブライアンが魅了されたトランス感覚溢れるモロッコのジャジューカ音楽」『レコードコレクターズ』2006年8月号、ミュージックマガジン
児山紀芳（2008）「オーネット・コールマンとジュジュカへの旅」『ジャズ・ジャイアンツの肖像』スイングジャーナル社
サラーム海上（2013）『SouQ　特集：ジャジューカ』vol.0、クロコ
中島渉（1979）「廃盤カタログ」『Jam』8号、1979年12月号、ジャム出版
山崎春美（1979）「D・I・S・C・L・I・P・P・I・N'」『遊』1009号、1979年10月、工作舎
公魚（2013）「The Master Musicians of Joujouka Festival 2013 報告」『Mazurek』創刊号、しおさい
Stephen, Davis "*Jajouka Rolling Stone*" Rondom House, 1993
Palmer, Bob '*Jajouka Up the Mountain*' "*Rolling Stone*" 1971, Oct.

音楽

アル・マハディ、サラーフ（1998）『アラブ音楽―構造・歴史・楽器学・古典39譜例付』松田嘉子、竹間ジュン訳、パストラルサウンド
ジャクソン、ローラ（1995）『ブライアン・ジョーンズ―ストーンズに葬られた男』野間けい子訳、大栄出版
ジョルダーニア、ジョーゼフ（2017）『人間はなぜ歌うのか？』森田稔訳アルク出版
関口義人編（2008）『アラブ・ミュージック：その深遠なる魅力に迫る』東京堂出版
西尾哲夫、堀内正樹、水野信男編（2010）『アラブの音文化～グローバル・コミュニケーションへの誘い』スタイルノート
ホッチナー、A. E.（1991）『涙が流れるままに―ローリング・ストーンズと60年代の死』川本三郎、実川元子訳、角川書店
Aydoun, Ahmed "*Musiques du Maroc*" La Croisée des chemins, 2014
Trynka, Paul "*Sympathy for The Devil*" Transworld Publishers, 2014.

文学

ディロン、ミリセント（1996）「ウィリアム・S・バロウズとフランシス・ベーコン：裸のランチを食べながら」『伝説のジェイン・ボウルズ』晶文社
ハティビ、アブデルケビル（1995）『異邦人のフィギュール』渡辺諒訳、水声社
パルシファー、ゲイリー（1994）『友人が語るポール・ボウルズ』木村恵子、篠目清美、藤田佳澄、白水社
ボウルズ、ポール（1995）『ポール・ボウルズ作品集6　止まることなく』、山西治男訳、白水社
ブリアット、ロベール（1994）『ポール・ボウルズ伝』谷昌親訳、白水社
モラリー、J＝B（1994）『ジャン・ジュネ伝』柴田芳幸訳、平井啓之監修、リブロポート
山形浩生（2003）『たかがバロウズ本。』大村書店

人類学

トッド、エマニュエル（2008）『世界の多様性』荻野文隆訳、藤原書店
トッド、エマニュエル／クルバージュ、ヨセフ（2008）『文明の接近　イスラームvs西洋の虚構』藤原書店
ラビノー、P.（1980）『異文化の理解―モロッコのフィールドワークから』井上順孝訳、岩波書店

今年のフェス最終日、ブージュルード役ハトゥミさんの十一歳の息子ナディール君に
「君はブージュルードになりたい?」と尋ねた。彼は無邪気な笑顔で「ムスタクバル!(未来にね)」と答えた。
その夜アイーシャ役の少年に抜擢されたナディール君と踊りながら、ふと、
例えば二〇年後のブージュルード姿の彼を見届けたいと思った。
二〇一三年に初めてジャジューカ村を訪れて衝撃を受けた私は、日本に戻っても
毎日ジャジューカに想いを馳せながら「心にジャジューカを持っているだけで幸せなんだ」と思った。
それが、最近はこの「伝説の村」の青年たちの何人かとフェイスブックの「お友達」となり
カタコトではあるがメッセージを交わしたり、「今日のジャジューカ」の写真を
送ってもらったりしている。そう、伝説の村は、今この瞬間も生きているのだ。
生命は繋がっている。牛の屠殺解体作業の終盤、
どの内臓よりも数倍は大きな袋であるところの胃を
パッパッと十字に引き裂いて、ジャーンと出てきたのは、
牛がさっきまで食べていた大盛りの草と、ぽわわあんと漂ってくる
とてつもなくクサイ臭いだった。未消化の草たちは
二人がかりで「せえの!」で大地に放られた。

おわりに
——伝説の村は、今この瞬間も生きている

消化酵素がたっぷり含まれた草を栄養にして、そこからまた新たな草が
生えてくることだろう。では、大地に生えている草と、胃の中の草と、
腸の中の草と、糞となった草、一体何が違うのか?
生きてる命と死んでる命、一体どこが違うのか?
胃と腸の間で施されるマジックって?
ジャジューカ村の音楽が、まずは次の世代に無事に継承され、
二〇年後も五〇年後も一〇〇年後も、その先も、
生き生きと息をし続けますようにと、私は今日も祈っている。
インシャアッラー!!(アッラーのお望みのままに)

最後になりましたが、このように類書もなければ、カテゴライズされるのを拒否したかのような本に、全力で粘り強くおつきあいいただいたデザイナー日高達雄さん、太田出版担当編集の村上清さんに、改めて感謝の意を込め、厚く御礼を申し上げます。シュクラン・ジャジーラン。どうもありがとうございました。

ムジアーンズ(文責=渡邊未帆)

寄稿者紹介

戌井昭人（いぬい・あきと）

東京生まれ、作家、間抜けなパフォーマンス集団「鉄割アルバトロスケット」で脚本担当。小説作品は『まずいスープ』を含め五作品が芥川賞候補になるが、すべて落選。他に、『すっぽん心中』（川端康成文学賞）、『亀岡拓次』、『のろい男』（野間文芸新人賞）などがあります。最近は、ジャジューカ村、モロッコ滞在中に着想した『ゼンマイ』という小説があります。書きながら、ジャジューカで昼寝したいとばかり思ってました。

今村守之（いまむら・もりゆき）

文筆家。インタヴュアー。日本大学藝術学部卒。主に新聞・雑誌で、〝非TVパーソンの文化史〟を意識しながら、吉本隆明、山口昌男、森山大道、若松孝二、野坂昭如、草間彌生、細野晴臣、E・サイデンステッカー、underworld、M・バーニー、イスラムのイマームなど作家やアーティストを中心に約二六〇〇人とインタヴューしたほか、コラム、ルポルタージュ、レヴューを多数寄稿。著書に『問題発言』（新潮新書）、編書に『バカボンのパパよりバカなパパ』（幻冬舎文庫）等。二〇一二年より、「まぐまぐ」でメルマガ『今村守之のにっぽん問題発言紀行』を配信。また、一九六〇〜七〇年代米国西海岸文化に関する本を現地取材・執筆中。ジャジューカ・フェスには四度参加。

北真基子（きた・まきこ）

英国在住の芸術作家。オックスフォード大学留学後、早稲田大学、セントラル・セント・マーチンズ美術大学を卒業。写真家、映像作家、芸術作家として欧州を拠点に活動。「国境」「境界」「自由」などをテーマに、リバプール・ビエナーレ、ベルリン国際映画祭、アニエス・ベーのロンドン店舗、ベルリンの世界文化の家、スイスコテージ図書館、旧チョコレート工場などで、様々な媒体を使って作品を発表。Nana Springとして、レコード・ジャケット、ポスターなどのデザイン、雑誌や本のイラストや写真、アニメーションの制作なども手掛ける。現在は、ウェールズへと移り住み、各地の「祭り」「伝承芸能」「口承文芸」などのリサーチを日本、ウェールズ、コーンウォール、モロッコ、スイス、ポルトガル、スウェーデンなどで、フィールド・レコーディングを兼ねて行っている。The Master Musician of Joujoukaとの出逢いは、二〇〇六年 ポルトガルのポルトで催されたトラマ・フェスティバルでのこと。二〇〇八年 ジュジューカ・フェスティバル第一回開催に向けての準備を手伝い、二〇〇九年にジュジューカ村を訪れる。

kucci（クッチー）

一九七三年東京生まれ。武蔵野美術大学卒業。デザイン事務所勤務後、二〇〇一年に独立。立体イラスト、イラスト、デザイン、そしてこの本で初執筆。主な仕事は、『AERA』（朝日新聞出版）で立体イラスト掲載、『プレNEOせかいの図鑑』（小学館）で世界の民族衣装人形掲載、「こども食堂」の粘土ロゴ制作、『名建築が生まれた現場』（日経BP社）で世界のトップ設計事務所の俯瞰図掲載など。インド、タイ、ラオス、雲南などを巡ったバックパッカー時代からブランクを経ての旅再始動。今回、初モロッコ、初ジャジューカですが、イラストマップを描いて、村の地理には誰より詳しくなりました。http://kucci.jp/

サラーム海上（Salam Unagami）

音楽評論家／ラジオDJ／中東料理研究家。中東やインドを定期的に旅し、現地の音楽と料理シーンをフィールドワークし続けている。原稿執筆のほか、ラジオやクラブのDJ、オープンカレッジや大学の講義、中東料理イベント「出張メイハネ」などで活躍。英語、フランス語、ヒンディー語で各国を取材し、肌で感じた現地の今を伝え続ける姿勢が人気の秘密。著書に『MEYHANE TABLE 家メイハネで中東料理パーティー』(LD&K)、『イスタンブルで朝食を』（双葉社）、『21世紀中東音楽ジャーナル』（アルテスパブリッシング）ほか。NHK-FM『音楽遊覧飛行エキゾチッククルーズ』、J-WAVE『ORIENTAL MUSIC SHOW』（二〇一七年日本民間放送連盟賞ラジオエンターテインメント番組部門最優秀賞受賞）のDJを担当。学生時代、初海外旅行が一九八九年のモロッコ。そこでボラれまくり、己の人間力の低さに気づき、以来、フランス語を本格的に学び、旅を続け人間力を鍛えるように……。初のジャジューカは二〇一三年、その後、二〇一四年、二〇一六年と通算三度訪れている。

山崎春美（やまざき・はるみ）

一九五八年大阪生まれ。文筆家、バンド「ガセネタ」「Taco」ボーカリスト、編集者。一九七六年『ロック・マガジン』でデビュー以来、自販機雑誌『Jam』『HEAVEN』『宝島』をはじめ数々の雑誌へ寄稿。一九七九年に雑誌『遊』でブライアン・ジョーンズ『The Pipes of Pan at Joujouka』（日本盤）をいち早く紹介した。昨春から毎月一回、経産省前にて、呪殺祈禱僧団四十七士（JKS47）に朗読で参加。連載中のマンガ誌『アックス』や歌誌『月光』にもJoujoukaが度々登場するので見逃せない。著書に『天國のをりものが　山崎春美著作集1976-2013』（河出書房新社）。ジャジューカ来村歴は二〇一四年より毎年。

渡邊未帆（わたなべ・みほ）

一九七九年生まれ。東京藝術大学大学院音楽研究科博士後期課程修了、「日本の前衛音楽」をテーマに博士号（音楽学）取得。早稲田大学非常勤講師。ラジオのクラシック音楽番組の制作、音楽に関する執筆や編集、音楽劇のドラマトゥルクなどを手がける。ジャジューカ・フェスティバルに二〇一三年に参加して以来、ジャジューカの音楽と生活、モロッコの魔術的世界に魅了されて毎年訪れている。趣味は写真とフラメンコ。現在、アラビア語を習得すべくアラブ・イスラーム学院在学中。

Special Thanks：
The Master Musicians of Joujouka
ジャジューカ村のみなさん
Blanca Hamri
Frank Rynne
赤塚りえ子

執筆：戌井昭人
今村守之
kucci
サラーム海上
山崎春美
渡邊未帆

『おそ松くん』イラスト：
フジオ・プロ
イラストマップ：
kucci
イラスト：
北真基子
kucci
写真：北真基子
kucci
サラーム海上
須藤香奈子
富田絵美
渡邊未帆
カバー写真：
渡邊未帆
ブックデザイン：
日高達雄（蛮ハウス）

資料提供：
赤塚りえ子
故・大里俊晴
杉本英輝

企画協力：
赤田祐一
大久保潤

取材協力：
Abdulghani Aoufi（Cafe Baba）
Biral El Attar
Mohamed Kharbach
Said Hamdouni

編集担当：
村上 清

ジャジューカ

モロッコの不思議な村とその魔術的音楽

2017年11月3日第1刷発行

編者：ムジアーンズ

※ムジアーンズ＝本書の企画立案、現地取材、編集をした制作チームの名称。ジャジューカ村の人々が満面の笑顔で呼びかけ合う「ムジヤーンمزيان」は、「いいね」「最高！」「これでいいのだ」という全肯定の魔法のような言葉。ここでは「アジア」の片隅からジャジューカ村の「無事」と「安全」を祈って「ムジアーンズ」と表記しました。

発行人　岡聡
発行所　株式会社太田出版
〒160-8571
東京都新宿区愛住町22　第3山田ビル4F
電話03(3359)6262
振替00120-6-162166
ホームページhttp://www.ohtabooks.com

印刷・製本　株式会社シナノ
乱丁・落丁はお取替えします。

ISBN978-4-7783-1601-3　C0073